ÍNDICE

CAPÍTULO 1

EL ORIGEN ETIMOLÓGICO DE LA CONCUSIÓN Y SUS ANTECEDENTES EN EL DERECHO ROMANO

Pág.

1.1. Origen etimológico de la concusión.	6
1.2. Aplicación figurada del vocablo latino concutere en el Derecho Penal.	9
1.3. La contradicción existente entre el origen etimológico de la concusión y su tipificación en el Derecho Penal.	11
1.4. Las Leyes Repetundarum o Acilia Calpurnia y Julia.	14
1.4.1. La Ley Repetundarum o Acilia.	14
1.4.2. La Lex Calpurnia.	15
1.4.3. La Lex Julia.	16

CAPÍTULO 2

ANTECEDENTES DEL DELITO DE LA CONCUSIÓN EN EL DERECHO PENAL MEXICANO Y SUS CONSECUENCIAS POLÍTICO-JURÍDICAS

Pág.

2.1. El delito de concusión en el Código Penal de 1871.	22
2.2. El artículo 111 de la Constitución de 1917.	24
2.3. Decreto Presidencial del 30 de diciembre de 1982.	32
2.4. Responsabilidad penal de los servidores públicos por la comisión de delitos.	
2.5. El antejuicio o el desaforamiento constitucional.	34
2.6. El juicio político.	36
	43

CAPÍTULO 3

LOS PRESUPUESTOS, EL "CORPUS DELICTI" COMO FIGURA PROCESAL Y LOS ELEMENTOS INTEGRADORES DE LA CONCUSIÓN.

	Pág.
3.1. Los presupuestos del delito en la concusión.	47
3.2. El corpus delicti como figura procesal y los elementos integradores del tipo penal de la concusión.	51
3.3. La conducta como elemento del injusto penal.	63
3.4. Clasificación del delito en orden a la conducta.	71
3.5. La coparticipación.	73
3.6. Clasificación de la concusión conforme al resultado.	74
3.7. El nexo causal en el delito de la concusión.	77
3.8. La tentativa en la concusión.	77
3.9. La ausencia de la conducta en la concusión.	78
3.10. La tipicidad como elemento del injusto penal.	80
3.11. La antijuricidad como elemento del injusto penal.	83
3.12. Causas excluyentes de delito por actividad o inactividad involuntarias.	84
3.13. La obediencia jerárquica como causa excluyente de delito.	
3.14. La autoría, la coparticipación o concurso de agentes en la concusión.	87
3.15. La imputabilidad como presupuesto y elemento de la culpabilidad.	
3.16. La culpabilidad y sus elementos; la conciencia de la antijuricidad y la exigencia de otra conducta.	94
3.17. Causas de inculpabilidad en el instituto de la concusión.	96
3.18. El error de hecho e invencible como causa de inculpabilidad en la integración del instituto de la concusión.	99
3.19. La no exigibilidad de otra conducta derivada de la obediencia jerárquica como causa de inculpabilidad en la concusión.	102
3.20. La punibilidad en la concusión.	
3.21. Las excusas absolutorias o ausencia de punibilidad.	
	103
	105
	106
	108

CAPÍTULO 4

EL TIPO PENAL DE LA CONCUSIÓN O EXACCIÓN ILEGAL EN LOS ESTADOS DE LA REPÚBLICA MEXICANA

Pág.

4.1. Aguascalientes.	110
4.2. Baja California.	110
4.3. Baja California Sur.	110
4.4. Campeche.	110
4.5. Coahuila.	110
4.6. Colima.	110
4.7. Chiapas.	111
4.8. Chihuahua.	110
4.9. Distrito Federal (hoy Ciudad de México).	110
4.10. Durango.	112
4.11. Guanajuato.	110
4.12. Guerrero.	110
4.13. Hidalgo.	110
4.14. Jalisco.	110
4.15. Estado de México.	111
4.16. Michoacán.	113
4.17. Morelos.	110
4.18. Nayarit.	110
4.19. Nuevo León.	110
4.20. Oaxaca.	110
4.21. Puebla.	110
4.22. Querétaro.	110
4.23. Quintana Roo.	110
4.24. San Luis Potosí.	110
4.25. Sinaloa.	110
4.26. Sonora.	110
4.27. Tabasco.	110
4.28. Tamaulipas.	110
4.29. Tlaxcala.	110
4.30. Veracruz.	114
4.31. Yucatán.	110
4.32. Zacatecas.	110

CAPÍTULO 5

ALGUNAS CONSIDERACIONES DE LA CONCUSIÓN EN EL DERECHO COMPARADO Y SUS ANTECEDENTES PRÁCTICOS EN EL DERECHO PENAL MEXICANO

	Pág.
5.1. Italia.	116
5.2. Argentina	121
5.3. Alemania.	124
5.4. España.	127
5.5. Francia.	128
5.6. Colombia.	129
5.7. Brasil.	130
5.8. Estados Unidos de América y Reino Unido.	132
5.9. Referencias forenses de la concusión en el Derecho Penal Mexicano.	135

Bibliografía.	140
Bibliografía web o Cibergrafía.	142

PRESENTACIÓN DE LA EDICIÓN 2019.

Han transcurrido poco más de 18 años desde que fue publicada la primera edición de este libro en abril del 2001, la segunda edición surgió en junio del 2004, ambas bajo el formato convencional y con la misma casa editorial con la que poco después dejé de colaborar. En ese intervalo de tiempo y cuando me lo permitió el ejercicio de la profesión, retomé la escritura para esbozar algunas líneas sobre otros temas relacionados con el Derecho Penal Corporativo, que afortunadamente también fueron publicados y difundidos en México o en el extranjero.

Durante esos años la tecnología de la comunicación evolucionó de manera sorprendente y con su inevitable globalización modernizó la vida cotidiana de las personas y la manera en que trabajamos los abogados ante particulares y las autoridades en todo el mundo. Es claro que en la praxis profesional el o la internet y sus accesorios virtuales constituyen herramientas de trabajo que no solo facilitan la manera en que interactuamos, con ellas ya podemos portar en archivo digital nuestra cédula profesional y acreditarla en formato electrónico, también resulta cotidiano que entre otros temas o actividades, los contribuyentes utilicen medios informáticos para el pago periódico de impuestos o en su caso, de derechos por el refrendo de la tenencia vehicular, etc., generando con ello evidencias virtuales que en caso de resultar necesario constituyen medios de prueba útiles para documentar, iniciar, estudiar y resolver casos concretos en diversas ramas del Derecho. En tal sentido, representan temas relativamente jóvenes que están madurando con el transcurso del tiempo, a la luz de la ley y de los criterios de tribunales que se están emitiendo al respecto.

En México las leyes se han adaptado gradualmente para regular en la mejor de las medidas, los nuevos instrumentos de comunicación y los comportamientos del hombre originados con dichos avances tecnológicos que incluso provocaron que evolucionara la forma en que optativamente pueden ser planteados y resueltos los juicios y medios de prueba que pueden hacer valer los particulares o contribuyentes, con la implantación de los llamados juicios online o en línea.

Como consecuencia de la evolución tecnológica y globalización -de las que no estoy exento- hoy en abril del 2019 y solo en la plataforma de Amazon doy a conocer la actualización de este libro en ambos formatos, convencional y electrónico o "eBook" con el título modificado de "El Delito de la Concusión, Cobro Ilegal de Impuestos en México" o por su equivalente en inglés "Crime of Concusion, Extortion to Collect Taxes Under Color of Official Right in Mexico". Para ello, incluyo fuentes adicionales en el capítulo de Derecho Comparado Internacional como son las legislaciones penales de Francia, Colombia y Brasil. También incorporo las fuentes del "Common Law" aplicables en los Estados Unidos de América y en el Reino Unido (USA y UK por sus siglas en inglés), respectivamente, relacionadas al tema de corrupción de servidores públicos y me enfoco en la doctrina de "Extortion Under Color of Official Right" que si bien es cierto no aborda en lo particular el tema de la concusión, como figura legal equivalente si sanciona en lo general la responsabilidad penal en que incurren los servidores públicos en el desviado desempeño de sus funciones, al solicitar o exigir de manera ilegal, bienes o conceptos (entendidos en su acepción más general y que son examinados casuísticamente por tribunales competentes) a los que no tienen derecho o el afectado no está obligado a pagarlos. Aclaro de antemano que utilicé esta última doctrina por ser en mi opinión el molde legal equiparable para poder explicar –al menos en el plano teórico- al empresario, cliente o colega extranjero con sistema del "Common Law", el delito de la concusión o exacción ilegal existente en la ley penal mexicana.

Con la implantación del Nuevo Sistema de Justicia Penal, resultó obligada la depuración de los apartados en los que modifiqué el momento del procedimiento penal en el que debe estudiarse la figura doctrinal del cuerpo de delito o "corpus delicti", así como de los tipos penales vigentes al 31 de marzo del 2019 –por orden alfabético y por ello, con especial correlación de páginas en el Índice solo para el Capítulo 4- que describen al delito de la concusión o exacción ilegal, a nivel federal y en todos los estados de la República Mexicana. Modifiqué mis comentarios aportados en la segunda edición sobre los tipos penales en los códigos penales para los Estados de Durango, San Luis Potosí y Veracruz, ya que posterior al 2004 en estos territorios sufrió cambios la redacción del "numerus clausus" para eliminar el error de prohibición conforme al cual el servidor público exigía mediante cobro, conceptos de naturaleza fiscal, ignorando que lo que le cobraba al sujeto pasivo contribuyente fue determinado equivocadamente, en tal virtud, los tipos penales estatales indicados fueron objeto de reformas para ser homologados con la descripción vigente en el código penal federal; de igual manera eliminé el capítulo 6 referente a lineamientos generales forenses por considerarlo innecesario en esta actualización 2019 por ya abordar los contados casos prácticos de los que se tiene registro o noticia en México, actualicé las citas bibliográficas que consideré necesarias e incluí nuevas fuentes de consulta existentes en páginas web.

Algo que no ha cambiado en el análisis sobre el tipo penal de la concusión es que aparenta ser un tema que provoca obnubilación y como tal constituye una materia árida para su razonamiento doctrinal y planteamiento objetivo con ejemplos "ad hoc" que faciliten su comprensión, a diferencia de otros delitos comunes y de resultado material que son de fácil entendimiento como homicidio, delitos patrimoniales, entre otros, por lo que con esta obra se pretende no sólo analizar, aclarar y agotar dicho estudio doctrinal sino también iluminar la norma con casos prácticos que permitan al lector distinguir en qué momento podría tener para estudio, diagnóstico, defensa o resolución, un caso concreto sobre el delito de concusión.

La escasa y parcial doctrina existente en México aborda en el mejor de los casos el tipo penal federal o el aplicable en el Distrito Federal hoy Ciudad de México, en la que en mi opinión, equivocadamente se llega a confundir a la concusión como un grado superior del cohecho e incluso se llega a sostener que el cobro ilegal de impuestos no genera responsabilidad penal para el servidor público. Debo destacar que en atención a la descripción gramatical contenida en el artículo 218 del Código Penal Federal, la concusión no está encaminada a penalizar conductas que se desprendan por un acuerdo ilícito de voluntades entre un servidor público y un particular, para que aquél haga o deje de hacer algo a lo que está obligado por ley (cohecho) —figura legal con la que podría llegar a confundirse cuando el servidor público formula la exigencia a título de "salario" o "emolumento", últimos dos conceptos bajo los cuales puede ser formulada la exigencia ilícita—, sino que dados sus antecedentes históricos, en ley y por tesis aisladas en México, la concusión o exacción ilegal reprime el cobro ilegal de impuestos que formulan los servidores públicos cuando no son adeudados o siéndolo son cobrados en demasía, esto es, al sujeto pasivo-contribuyente le es cobrada una suma superior a la que realmente adeuda o debe pagar.

La ilicitud de la exigencia "in fine" tiene como punto de partida un fin doloso del servidor público, para exigir del particular "dinero", "productos" o "servicios" que por la propia descripción gramatical, aquella debe ser formulada a título de un impuesto, de una contribución, de una renta o de un rédito (conceptos de origen fiscal) —cuya recaudación compete a la Federación, a los Estados o los Municipios—, que no adeuda el contribuyente y por ese motivo, el servidor público con previo conocimiento de ello, exige ilegalmente lo que sabe no debe pagarse al erario o fisco o autoridad exactora ya sea federal, estatal o municipal o bien, adeudándolos el contribuyente le es exigida en pago, una suerte mayor a la que adeuda.

Sobre el particular, debe quedar claro que en el artículo 218 del Código Penal Federal se establece una redacción gramatical que permite entender que lo "indebido" de la exigencia no estriba en una ilicitud sobreentendida en el propio tipo penal sino que por sus orígenes, tal ilicitud descansa en el cobro ilegal y doloso de impuestos —entendidos estos en su acepción general— en perjuicio del sujeto pasivo ya fuere porque no los adeuda o le son cobrados dolosamente en demasía.

Para efectos de planteamiento en un aula universitaria y/o en la praxis profesional, pensando en el supuesto fáctico en el que el concusionario obtiene o no lo exigido ilícitamente, en qué momento debe calificarse como ilegal esa exigencia de impuestos o derechos esto es, desde el momento en que es formulada —por el medio que sea- la conducta reprimida en el tipo penal y puede probarlo objetivamente el afectado ante autoridades penales o cuando existe un expediente administrativo ante autoridad competente en el que el particular impugna y prueba la ilegalidad del acto. El concusionario de igual manera aprovecha la calidad de servidor público y el "metus publicae potestatis" que proyecta al sujeto pasivo, para formular la conducta reprimida en el tipo penal "in fine" dirigiéndola bajo un fin doloso a objetos como el dinero, valores, servicios o cualquiera otra cosa que no son adeudados por el particular o siéndolo, le son exigidos en mayor cuantía y el concusionario lo sabe.

Es de explorado derecho que la doctrina no puede alejarse de la "praxis" puesto que se complementan y así, en la medida de lo posible la jurisprudencia debería evolucionar con la misma agilidad, para que los tribunales federales determinen entre otros temas relacionados con la concusión, sobre el posible requisito de procedibilidad para instaurar proceso penal en contra de un concusionario por el cobro ilegal de impuestos, así como sobre el valor y alcances probatorios de las constancias digitales, los mecanismos para objetar su autenticidad y/o para lograr la compulsa o certificación de las mismas, cuando estas constituyan un medio o instrumento —si las evidencias o pruebas del caso concreto lo permiten- por el cobro ilegal de impuestos.

Es curioso pero como lo sostuve desde el año 2001 —salvo error u omisión involuntarias de mi parte- al 31 de marzo del 2019 en estricto sentido en México no existe registro de una sola jurisprudencia por reiteración o por contradicción de tesis y sustitución sobre el delito de la concusión o exacción ilegal, en archivos documentales, informáticos o complementarios del Semanario Judicial de la Federación o de la H. Suprema Corte de Justicia de la Nación, que como criterios ilustrativos, aborden o al menos hagan referencia a los antecedentes histórico-legislativos existentes en México o del extranjero que en su momento influenciaron nuestra ley penal.

Espero que la actualización de este libro aporte al lector un conocimiento vigente, integral -con Doctrina, Ley y Jurisprudencia- y en la medida de lo posible globalizado, al haber modernizado los apartados de Derecho Comparado Interestatal e Internacional, así como de casos prácticos de los que existe registro o noticia en México, sobre una figura legal de la que hasta el día de hoy poco se ha investigado.

Metepec, Estado de México, México, a 31 de marzo de 2019.

Alfredo Sánchez Franco

Abogado & Consultor de Negocios I Attorney at Law & Business Consultant
Derecho Corporativo & Derecho Penal I Corporate Law & Criminal Law
E-mail: asf.albc@gmail.com
Google I LinkedIn I Amazon Kindle Author

"Procura descubrir la verdad por entre las promesas y dádivas del rico, como por entre los sollozos e importunidades del pobre".

"Cuando pudiere y debiere tener lugar la equidad, no cargues todo el rigor de la ley al delincuente, que no es mejor la fama del juez riguroso que la del compasivo".

"Si acaso doblares la vara de la justicia, no sea con el peso de la dádiva, sino con el de la misericordia".

"Cuando te sucediere juzgar algún pleito de algún tu enemigo, aparta las mientes de tu injuria, y ponlas en la verdad del caso".*

DE CERVANTES Saavedra Miguel. "Obras completas de Miguel de Cervantes. Novela" "Don Quijote de la Mancha" - Parte H Capitulo XLII, p. 1416. Recopilación, estudio preliminar por Ángel Valbuena Prat, decimotercera edición. 1964. Aguilar, S.A. de Ediciones. Madrid, España.

CAPÍTULO 1
EL ORIGEN HISTÓRICO – ETIMOLÓGICO DE LA CONCUSIÓN Y SUS ANTECEDENTES EN EL DERECHO ROMANO.

Sumario

1.1. Origen histórico-etimológico de la concusión; 1.2. Aplicación figurada del vocablo latino concutere, en el Derecho Penal; 1.3. La contradicción existente entre el origen etimológico de la concusión y su tipificación en el Derecho Penal; 1.4. Las Leyes Repetundarum o Acilia, Calpurnia y Julia.

1.1. Origen histórico-etimológico de la concusión.

Los primeros antecedentes sobre el origen etimológico de la concusión, al igual que de la gran mayoría de las figuras jurídicas que se contemplan en el sistema jurídico mexicano, se remontan al Derecho Romano, que ha servido de punto de partida en la evolución de una infinidad de institutos en diversos sistemas legales internacionales. Tal influencia, tuvo lugar gracias a cuatro grandes vertientes:

- A) El Derecho Español: el cual fue aplicado en territorio nacional con las "Siete Partidas" de manera parcial hasta la expedición de nuestro primer Código Civil en el año de 1870.

- B) La Escuela Francesa; a través del Derecho Napoleónico así como por conducto de diversos códigos europeos, los cuales a su vez, recogieron en gran medida los principios jurídicos legados por la escuela romanista.

- C) El corpus iuris o estudio del Derecho realizado por varias generaciones de Juristas Mexicanos, en lo que respecta a nuestro sistema jurídico.

- D) La Doctrina extranjera legada por connotados romanistas, en particular de la escuela alemana y que en su época aportaron grandes conocimientos sobre la materia, entre los cuales destacan: VON IHERING, VON SAVIGNY y WINDSCHEID DERNBURG. El Derecho Romano ofrece al sistema jurídico mexicano una gran gama de antecedentes y principios que hasta nuestros días, han evolucionado en gran medida y que siguen siendo aplicados a la fecha, como por ejemplo, en materia de derechos reales, obligaciones y sucesiones.

En la antigua Roma se cometían delitos de carácter público crimina y de carácter privado delicta[1]. Los primeros, por su propia naturaleza ponían en peligro a la comunidad romana y eran perseguidos de oficio por las autoridades o a petición de cualquier ciudadano, siendo sancionados con penas de muerte, v.gr., ahorcamiento en el "árbol infelix", decapitación, lanzamiento desde la roca Tarpeya, etc. En el segundo de los supuestos, se trataba de delitos que lesionaban la esfera jurídica de particulares básicamente y de manera excepcional, causaban daño a la sociedad. Estos eran perseguidos a petición de la parte afectada y cuya sanción, consistió en sus inicios en la imposición de multas privadas en favor del ofendido, pasando por la venganza privada, el sistema de la Ley del Talión (ojo por ojo y diente por diente), hasta llegar a la "composición voluntaria".

---
[1] FLORIS Margadant, Guillermo S. "Derecho Romano". Editorial Esfinge, 14ª. Ed., México, D.F. 1986, p. 432 y 433.

Posteriormente la ley fijó como requisito la imposición de las "composiciones obligatorias", con el fin de resarcir los daños causados a la parte agraviada por la comisión de delitos en su perjuicio.

Por lo que respecta a la figura jurídica de la concusión, tiene sus orígenes etimológicos en el propio Derecho Romano, los cuales derivan según un sector de la doctrina del vocablo latino concutere, que significa "sacudir" y que de manera metafórica se explica como "quo quis arborem concutitut cadentes fructus colligar" [2] es decir, "el sacudir un árbol para hacer caer sus frutos y después recogerlos".

De la simple lectura que se efectúe sobre el concepto histórico citado con anterioridad, es claro que hasta aquí, no se desprende elemento alguno que permita esclarecer el significado sobre el antecedente etimológico del delito de la concusión, menos aún» si se pretendiese cotejar dicho concepto, con el tipo legal vigente descrito por el Legislador en el Derecho Penal Mexicano.

Sin embargo, como antecedente histórico debe destacarse que para el autor alemán THEODOR MOMMSEN, en el Derecho Romano también ya se hablaba de "...la "vis" (coacción) como el poder, de la prepotencia, la fuerza por medio de la cual una persona, ora constriñe físicamente a otra que deje realizar un acto contra su propia voluntad, ora cohibe esta voluntad mediante la amenaza de un mal o, lo que es lo mismo, por miedo (metus), para determinarla a ejecutar o a no ejecutar una acción".

Así, "la coacción fue introducida en el campo del derecho penal y a la vez en el procedimiento público por quaestiones y en el procedimiento penal privado, por medio de aquellas disposiciones legislativas que, después de sofocada la sublevación lepidiana de principios del año 677-77, tuvieron por objeto borrar los dolorosos efectos de ella. Entonces se publicaron, por un lado, la ley plotia o plautia, de donde tomó su origen el procedimiento penal público para la clase de delitos a que nos referimos, y por otro lado, el edicto que, habiendo sido dado primeramente por el pretor peregrino M. Terencio Varrón Lúculo, se convirtió después en edicto permanente, y a partir del cual comenzó a tener existencia el delito privado de robo. Más tarde se intentó determinar el contenido de ambas acciones penales todo lo más seguramente posible; ambas se dirigían, en lo esencial, contra los autores de perturbaciones tumultuosas de la paz pública y su importancia práctica -más aún que en los hechos que se perseguían mediante las acciones de referencia, los cuales entraban también, en general, dentro del horizonte de los delitos de lesa majestad- residía en lo variable y rápido del procedimiento."

Asimismo, dentro del campo de las coacciones MOMMSEN sostiene a través de su obra Romisches Strafrecht de 1899, después traducida al español como "Derecho Penal Romano" que: "Parece que por su carácter de alborotos o tumultos ilegales se castigaban también, ora como delitos privados, ora como públicos, los siguientes casos de coacción violenta:"

> "b) La cobranza de impuestos ilegales daba lugar en todo caso a procedimiento criminal por coacción grave; pero también podía hacerse objeto semejante delito de una acción civil para que el reo fuese condenado a pagar el cuádruplo del daño."

---

[2] SOLER, Sebastián. "Derecho Penal Argentino". Tipográfica Editora. Buenos Aires, Argentina. 1973. Tomo IV, p. 85.

"3°. La extorsión, o sea el acto de obligar a alguno a dar regalos por el miedo a las consecuencias que pudieran producir el no darlos, no figuraba como delito en el antiguo derecho penal; la misma prohibición absoluta de hacer donaciones voluntarias servía para eludir la difícil demostración de que no se había dado libremente, y por lo tanto, los tribunales se limitaban en cierto modo a perseguir los hechos de esta clase que envolvieran alguna deshonra para el Estado. Pero, a lo menos a partir del siglo II después de J.C., y sin que por ello quedara proscrito el procedimiento repetundarum, la extorsión fue considerada como un delito independiente; es decir, se formó con ella el delito de concussio, de intimidación, consistente en constreñir a alguien a dar prestar algo, abusando al efecto del poder oficial que el opresor tenía en su manos."

Aquí puede apreciarse que es en ese periodo en el que para MOMMSEN, surge como tal el delito de la concussio (concusión o exacción ilegal como ahora se le conoce), con base en los alcances y tratamiento que le llegaron a conceder los romanos, aspectos que más adelante se precisan. Así, el mismo autor germano abunda con lo siguiente:

"4°. Por el mismo motivo que la extorsión no fue considerada en el derecho romano como un delito especial, tampoco lo fue la corrupción o soborno de los empleados públicos. La aceptación ORIGEN HISTÓRICO-ETIMOLOGICO DE LA CONCUSIÓN. ANTECEDENTES de algún regalo por parte de un funcionario, a cambio de realizar o dejar de realizar algún acto propio de su cargo, solo estuvo sancionada en la antiguas leyes bajo la forma de prohibición general de recibir dinero; al enumerar la ley Julia una porción de casos singulares de esta especie, hizo una cosa superflua, por cuanto el motivo a que la percepción del dinero hubiera obedecido no aumentaba la punibilidad del acto, lo cual luego de cambiarse posteriormente, sin duda, cuando empezó a medirse y graduarse la pena en atención a diversas circunstancias. Tampoco producía efectos jurídicos el hecho de que el elemento de la inmoralidad fuese o no común a las dos partes que intervenían en el soborno; aún cuando el sobornador le pluguiese confesar que el soborno había sido el fundamento de su acto, quedaba autorizado para reclamar del magistrado corrompido la devolución de lo que le había entregado para cometer injusticia. E las leyes de los tiempos posteriores, donde en cierto modo se llegó a considerar como un negocio lícito la compra de los cargos públicos, al soborno se le miraba como un hecho censurable más bien que como punible, y cuando se le calificaba de este último modo, el castigo que por el se imponía era leve."

"5°- La imposición de nuevos tributos caía bajo la ley repetundarum, a menos que se tratase de tributos que el magistrado pudiera pedir fundándose en su poder discrecional. De esta clase era, según la ley Julia, el cobro dinero para coronarse por haber vencido en la guerra, a menos que el Senado hubiera decretado la concesión de los honores del triunfo a algún gobernador de provincia. También era, naturalmente, un delito de esta clase el exigir más impuestos que los consentidos por las leyes vigentes. Lo era igualmente el hecho, mencionado con frecuencia en los tiempos posteriores, de que los subalternos a quienes se encomendaba la misión de recaudar los impuestos y los emolumentos exigiera mas cantidad de la debida. Era requisito necesario en todos estos delitos que los funcionarios que 1 cometían se enriquecieran personalmente, pues este enriquecimiento constituía la base jurídica de la condictio; si los actos en cuestión se hubieran realizado en beneficio del Estado, no caían bajo la sanción de la ley repetundarum."

Ante tal situación, es menester esclarecer la aplicación figurada o sui generis del origen histórico-etimológico de la concusión en el Derecho Romano y de cómo era interpretada y aplicada dicha figura en ese entonces.[3]

1.2. Aplicación figurada del vocablo latino "concutere" en el Derecho Penal.

En la antigua Roma, el instituto de la concusión no era distinguido con claridad de otras figuras como el "cohecho", sino que a ambas se les aplicaba el mismo principio genérico de crimen repetundarum, es decir, bajo el titulo de la concusión en sentido genérico; se comprendían diversos fenómenos que generaban corrupción en contra del sistema de justicia en el Derecho Romano, v.gr., se castigaba el acto de aceptar dinero para pronunciar sentencia.[4]

A efecto de esclarecer la aplicación figurada sobre el origen etimológico de la concusión, CONSTANCIO BERNALDO DE QUIROS [5] aportó por su parte el siguiente criterio: "La palabra latina (concussio, onis) equivalente en Español a conmoción o "sacudida", expresa pintorescamente el efecto y la actitud de quien sufre la impresión desagradable de la exacción misma, con la "mordida" con que no se contaba."

De tal criterio, se desprende que de manera metafórica o figurada, la conmoción o sacudida, (de carácter subjetivo) era sufrida por el particular que debía de entregar algo no debido al sujeto activo del delito.

El calificativo de "mordida" que aporta el autor en mención, debe de interpretarse en sentido amplio, es decir, sin tecnicismo jurídico alguno, como una manera de referirse al acto de dar algo no debido al sujeto activo del delito, toda vez que el pretender efectuar un análisis estricto de tal definición, conforme a los Principios de "nullum crimen nulla pena sine lege" o de "legalidad" y de "exacta aplicación de la ley" que caracterizan a nuestro actual sistema represivo, nos haría caer en el supuesto de afirmar que dicho calificativo, no figura como elemento integrador del tipo penal de la concusión, con lo que carecería de importancia para el Derecho Penal Mexicano.

Una vez aclarado lo anterior, en la etapa de la Roma Imperial se prevé bajo el nombre específico de concusión, el siguiente criterio:

> "...si simulato praesidis iussu concussio intervenit, ablatum eius-modi terrore restitui praeses provinciae iubet, et delictum coercet" [6]

En el Derecho Imperial Romano se contemplaba todo tipo de fenómenos que generaban corrupción sin distinguir claramente los límites entre cada uno de ellos, como en la actualidad se prevé en el Derecho Penal Mexicano. Es decir, bajo el título de la concusión se confundían actos como la extorsión, el soborno y el cohecho.

---

[3] MOMMSEN, Theodor. "Derecho Penal Romano". Editorial Themis, S.A., Segunda edición, reimpresión. Traducción al Español por P. Dorado. Santa Fe de Bogotá, Colombia. 1999, p. 415-447.
[4] SOLER, Sebastián. "Derecho Penal Argentino". P. 435 cita a Pessina, 1,408 "El delito de concusión", Enrique Ramos Mejía. Editorial De Palma, Buenos Aires, Argentina. 1963.
[5] BERNALDO De Quirós, Constancio. "Derecho Penal". Editorial J. M. Cajica Jr., Puebla, Puebla, Vol. II, p. 1957.
[6] SOLER, Sebastián. "Derecho Penal Argentino", Editorial De Palma, Buenos Aires, Argentina, cita a Carmignani, *766, p. 192, 1963.

La ausencia de distinción entre los delitos señalados con anterioridad, aparentemente se encontraba subsanada con la existencia de un común denominador entre todos y cada uno de dichas figuras, es decir, atentaban en contra del orden público y ponían en peligro a la comunidad romana.

Con posterioridad el concepto de la concusión fue evolucionando, hasta limitarse a la sanción de actos efectuados por funcionarios públicos que se servían del "metus publicae potestatis" o miedo generado a particulares por la autoridad que investían, para obtener las exacciones ilegales de las cuales eran víctimas.

Sin embargo, debe señalarse que si bien es cierto el origen etimológico del delito de la concusión es único, también lo es que dicha figura en la actualidad no reviste exactamente los mismos elementos y perfiles en las diferentes legislaciones represivas a nivel internacional, esto es, que "a pesar de tener su cuna en épocas remotas" [7] dicha figura no se encuentra descrita de la misma manera, en las leyes penales.

La importancia de lo señalado con anterioridad, estriba en que la antijuricidad contemplada en el tipo penal que describe a la figura de la concusión en el Derecho Penal Mexicano, no es la misma de aquélla que contemplan los sistemas alemán, español, italiano o argentino, es decir, se trata de la misma figura jurídica, pero estará integrada por elementos diferentes en atención al tipo legal contemplado en el sistema penal de cada uno de los países.

1.3. La contradicción existente entre el origen etimológico de la concusión y su tipificación en el Derecho Penal.

De acuerdo con el origen etimológico de la concusión, se deriva del vocablo latino concutere que significa "sacudida", concepto bajo el cual, se referían metafóricamente en el Derecho Romano a aquella sacudida o conmoción que sufría la víctima del sujeto activo del delito, ante la exacción ilegal que éste le imponía.

Al pretender efectuar un estricto cotejo entre el origen etimológico de la concusión y el tipo penal de dicho instituto en nuestro Derecho Penal Mexicano, daría como resultado el caer en una aparente contradicción, ya que no contempla como elemento; "el sacudir un árbol para recoger posteriormente sus frutos" o que el sujeto pasivo del delito, "sufra una sacudida o conmoción (de carácter subjetivo) ante la exacción ilegal que aquél le formula".

Debe dejarse claro que el Derecho Penal se caracteriza como lo postula claramente ROBERTO TERAN LOMAS [8] en ser: "...de acto (conducta) no de autor (o de víctima)... el acto externo del sujeto, que contradice el orden, jurídico."

Así, para el Derecho Penal Mexicano, las únicas conductas merecedoras de estudio son aquellas que se manifiestan bajo una finalidad conductual; un dominio de conducta del agente activo y que se refleja de manera externa o bien, bajo una intervención culposa, ambas formas traen como consecuencia, la aparición de un resultado típico relevante para su estudio y sanción.

---

[7] JIMÉNEZ, Huerta, Mariano. "Derecho Penal Mexicano". Editorial Porrúa. P. 31, 1985.
[8] TERÁN, Lomas. "La Teoría del autor en la sistemática del Derecho Penal". Editorial Manes, Buenos Aires, Argentina, p. 101, 1964.

ENRIQUE PESSINA [9] opinó en su momento: "...El estado peligroso podrá servir como criterio de mensuración, pero no fundamenta la aplicación de una sanción, que por mandato constitucional se impone al sujeto por su acción contradictoria del derecho." Por su parte, REINHART MAURACH sostuvo que: "...debe entenderse como acción la conducta voluntaria consistente en hacer algo, que produce alguna mutación en el mundo exterior..."

Tales posturas, son aceptadas y aplicadas en todos los sistemas legales represivos existentes ya que sería ridículo afirmar que el Derecho Penal reprime emociones o estados de ánimo de carácter subjetivo que por su propia naturaleza no producen un resultado típico y que como consecuencia, no provocan una transformación en el mundo jurídico. Es así como en el Derecho Penal Mexicano, SERGIO VELA TREVIÑO [10] afirmó en su momento que: "...Es requisito indispensable que algo realice alguien y afecte intereses jurídicos protegidos por el tipo penal, para que nazca el derecho estatal a perseguir al sujeto autor para la imposición de las consecuencias legales previamente establecidas."

Ante tal situación, el Derecho Penal se caracteriza (por regla general) por describir los elementos integradores de todas y cada una de las figuras delictivas (hecha excepción de los tipos abiertos) ya sea en el nuevo Código Penal para el Distrito Federal, en el Código Penal de la Federación), en los códigos penales estatales o en todas y cada una de las Leyes Especiales.

A fin de robustecer el criterio señalado y de acuerdo con el autor alemán HANS-HEINRICH JESCHECK debe recalcarse que uno de los caracteres más importantes del Derecho Penal es que éste es "represivo", es decir, al realizar el cometido primordial de proteger a la sociedad, castiga las conductas ya realizadas y a su vez, "previene" la comisión de futuras conductas constitutivas de delito.

El distinguido jurista mexicano FERNANDO CASTELLANOS TENA explicó que la punibilidad como elemento integrante de un delito, se deriva por la comisión de éste,[11] por lo que las penas impuestas por el Legislador sólo deber ser aplicadas al sujeto activo de aquellas conductas reprimidas por el Derecho Penal. Dicho en otras palabras:

> "...la punibilidad consiste en el merecimiento de una pena en función de la realización de cierta conducta...También se utiliza la palabra "punibilidad", con menos propiedad, para significar la imposición concreta de la pena a quien ha sido declarado culpable de la comisión de un delito. En otros términos: es punible una conducta cuando por su naturaleza amerita ser penada; se engendra entonces la conminación estatal para los infractores de ciertas normas jurídicas (ejercicio del ius puniendi); igualmente se entiende por punibilidad, en forma menos apropiada, la consecuencia de dicha conminación, es decir, la acción específica de imponer a los delincuentes, "a posteriori", las penas conducentes..."

Es así que se reprime la comisión de conductas por los sujetos activos, sólo se persiguen y sancionan las conductas observadas por los sujetos activos del delito, de acuerdo a la finalidad conductual observada y al grado de participación que se tenga en ellos. Por el contrario, no se

---

[9] MAURACH, Reinhart. "Tratado", Ediciones Arial, Tomo I, p. 182.
[10] VELA, Treviño Sergio. La Prescripción en Materia penal. Editorial Trillas, 1ª. Reimpresión, México, D.F., p. 129.
[11] CASTELLANOS, Tena Fernando. "Lineamientos Elementales de Derecho Penal". Editorial Porrúa, México, D.F., p. 275.

contemplan en el Derecho Penal, por lo que respecta al tipo legal de la concusión (como en todos los delitos) consecuencias de carácter subjetivo que sean producto de la exacción ilegal en el sujeto pasivo del delito, como se describe de manera metafórica en el origen etimológico de la concusión así como en la definición aportada por CONSTANCIO BERNALDO DE QUIROS en 1957.

Al realizar un juicio valorativo sobre la definición del tipo legal, debe dejarse claro que es la descripción que hace el Legislador de la conducta considerada como prohibida y a la que le es impuesta una pena. A su vez, Tipicidad es la adecuación de la conducta realizada por el sujeto activo del delito descrito en abstracto por el Legislador.

Ante tal situación, es válido afirmar que para que una conducta sea considerada como delito, debe compaginar exactamente con la descripción legal hecha por el Legislador, con todos y cada uno de los elementos integradores de aquélla ya que de lo contrario, se estaría ante la atipicidad de la conducta correspondiente.

En el caso concreto, por lo que respecta al tipo legal que describe al delito de la concusión, es obvio a todas luces que no se contemplan o describen consecuencias de carácter emocional o subjetivo en el sujeto pasivo del delito.

Ahora, por cuerpo del delito o "corpus delicti" debe entenderse: "el conjunto de elementos objetivos o externos que constituyan la materialidad de la figura delictiva descrita concretamente por la ley penal".[12]

De lo anterior se desprende que el tipo penal y el cuerpo del delito (en la concusión), se encuentra íntimamente vinculados, pues el primero se refiere a la descripción en abstracto por el Legislador y el segundo, en nuestro Derecho Procesal Penal, a una figura que lo contiene, una vez desplegada en el campo objetivo la conducta en concreto. Por tanto, para que pueda darse el cuerpo de un delito determinado, es menester que previamente exista el tipo penal correspondiente, con lo que debe concluirse que el origen etimológico de la concusión y la interpretación sui generis que se ha hecho de dicha figura en el Derecho Penal, no concuerdan con la descripción en abstracto que se contempla en nuestra legislación punitiva vigente.

Debe dejarse claro que el origen etimológico de la concusión, difiere doctrinalmente con la actual descripción típica contenida en el artículo 218 del Código Penal Federal ya que en el tipo legal in fine, no se incluye como elemento integrador de la misma, "que el sujeto pasivo del delito sufra una sacudida ante la exacción que se le formula" (la cual sería de carácter estrictamente subjetivo).

Así, resulta lógico señalar que el antecedente etimológico de la concusión en el Derecho Romano, se limitaba al aspecto subjetivo o interno del contenido en el vocablo latino concutere que significa "sacudida o conmoción", toda vez que los Romanos lo interpretaban como consecuencia de la exacción ilegal de la que eran víctimas. No obstante lo anterior, no debe perderse de vista el antecedente histórico que sobre la concusión aporta el autor germano THEODOR MOMMSEN.

1.4. Las Leyes Repetundarum o Acilia, Calpurnia y Julia.

---

[12] CASTELLANOS, Tena Fernando. "Lineamientos Elementales de Derecho Penal". Editorial Porrúa, México, D.F., 1990, p. 78.

En el presente punto, se da a conocer los orígenes históricos del delito de la concusión así como las conductas que eran reprimidas por los Romanos y que encuadraban en el concepto jurídico que se manejaba en ese entonces.

Debido a que el Derecho actual tiene sobre todo, por orígenes a las costumbres y al Derecho Romano, es esencial conocer las leyes antiguas de donde ellas nacen y que regulaban la figura jurídica de la concusión. Así, se comprenden en ellas el conjunto de principios de Derecho que regularon la sociedad romana en las diversas épocas de su existencia, desde su origen hasta la muerte del Emperador Justiniano.

1.4.1. La Ley Repetundarum o Acilia.

De acuerdo a los antecedentes históricos de la concusión, dentro de los primeros ordenamientos que llegaron a regular a dicha figura en la antigua Roma, resalta como pionera en la materia la Lex Acilia.

Así, tenemos que autores de las Escuelas Alemana e Italiana, como THEODOR MOMMSEN y VINCENZO MANZINI afirmaron que la Lex Acilia fue el primer ordenamiento en contemplar la regulación y punibilidad de la concusión.

Dicha Ley fue votada por el emperador Cayo Graco, con la que modificó substancialmente la acción civil de repetición de la liberalidad o de la exacción, que había sido indebidamente recibida por los Magistrados, en acción represiva (penal) con lo que castigaba al responsable, con una multa por el doble de la cantidad recibida por el hurto o exacción ilegal.[13]

Mediante la Lex Repetundarum o Acilia, el Derecho Romano modificó notablemente la sanción aplicable a aquellos sujetos responsables en la comisión del delito de la concusión ya que con anterioridad, tenían la posibilidad de devolver el monto de la exacción ilegalmente obtenida y obtener su libertad. Sin embargo, con la votación de dicho ordenamiento jurídico, el sistema punitivo de la antigua Roma estableció la acción penal al sujeto responsable así como el pago de una multa por el doble de la cantidad exigida.

Con la Lex Sempronia Iudiciaria, el Emperador Cayo Graco votó ciertas reformas tendientes a conferir a la clase social de los Caballeros, la responsabilidad y función de juzgar, facultades que habían sido conferidas con anterioridad exclusivamente a los Senadores.

Para el Romanista Español PIETRO BONFANTE, los Caballeros sólo intervenían con dichas facultades y responsabilidades en los procesos públicos o criminales, de manera exclusiva, cuando se trataba de procesos por la comisión del delito de la concusión,[14] con lo que la reforma lograda por Cayo Graco, contemplaba de manera más amplia y completa las causas relativas al delito de "malversación" y que guardaba íntima relación con aquellos delitos que atentaban en contra de la seguridad de la comunidad romana..

---

[13] MANZINI, Vincenzo. "Trattato de Diritto Penale". Editrice Torinese, Torino, Italia, p. 149., Ediar S. Editores, Buenos Aires, Argentina. 1951.
[14] BONFANTE, Pietro. "Historia del Derecho Romano", edición de la Revista de Derecho Privado, Madrid, España, 1944, p. 364.

1.4.2. La Lex Calpurnia.

Posterior a la Lex Acilia o Repetundarum de Cayo Graco, surgió la Lex Calpurnia. Este ordenamiento romano, debe su nombre a un suceso histórico ya que fue creado y utilizado con posterioridad para determinar el juicio criminal instaurado en contra de Calpurnio Pisone, [15] por la comisión del delito de concusión y que había figurado como uno de los hombres más importantes en el Partido del Senado de la antigua Roma.

Aparentemente, la principal aportación de la Lex Calpurnia fue la de establecer y regular el procedimiento a seguir ante los casos prácticos por el delito de la concusión. Sin embargo, la Doctrina Italiana divaga si dicha aportación se debe a la Lex Calpurnia o a la precedente Lex Repetundarum o Acilia.

Autores como ZUMPT sostiene a la Lex Repetundarum o Acilia, como la pionera en establecer y regular el procedimiento ante los casos de concusión y como consecuencia, niega dicha aportación a la Lex Calpurnia.

> "…se admite generalmente conforme a esta noticia, que la Ley del L. Calpurnia Pisone, no sólo determinó el delito de concusión, sino que estableció el procedimiento a seguirse, por esta razón aquella ley estableció la primera cuestión perpetua…" [16]

Por ello, la preocupación en el Imperio Romano por determinar las exacciones ilegales de las cuales eran víctimas los ciudadanos romanos, devino en la creación de un tribunal especial para los casos de concusión. Dicho tribunal, estuvo presidido por un Pretor, el cual tuvo la facultad de resolver aquellos casos en que incurrieran en responsabilidad los Procónsules.[17]

1.4.3. La Lex Julia.

Con posterioridad, las antiguas Leyes Repetundarum o Acilia y la propia Calpurnia, fueron desplazadas por la Lex Cornelia y la Lex Servia respectivamente. Dichos ordenamientos, no aportaron grandes innovaciones a las que les precedían, hechas excepción de la Lex Servia que establecía la infamia como pena a los concusionarios.

Ante la necesidad de crear y aplicar un ordenamiento más completo y abundante en materia de concusiones, es precisamente en el periodo del Emperador Julio César, donde emerge la "Lex Julia Repetundarum", al cual debe su nombre.

Mediante dicho cuerpo normativo, se reguló y estableció quienes eran considerados responsables por el delito de concusión, en qué momento se consideraba que cometían el delito de estudio; las sanciones a aplicárseles y de quienes podían exclusivamente aceptar cantidades de dinero; siempre y cuando no fueran motivo de las funciones emanadas del cargo que desempeñaban en la administración de la antigua Roma.

---

[15] PADELETTI. "Storia del Diritto Romano". Editorial Librai, Firenze, Italia, 1878. P. 275.
[16] PADELETTI. "Storia del Diritto Romano". Editorial Librai, Firenze, Italia, 1878. P. 275.

[17] PADELLETI. Op. Cit. P. 276.

Para tal efecto y dada la importancia de la Lex Julia en el establecimiento, regulación y sanción de los concesionarios, se reproduce la parte conducente que a la letra indica:

"De la Ley Julia sobre las Concusiones."

"I.- Marciano; Instituta, Libro XIV.- La Ley Julia sobre las concusiones se refiere a aquellas cantidades, que alguno tomó, hallándose constituido en magistratura, potestad, administración, legación, o en algún otro oficio, cargo o ministerio público, o cuando forma parte de la comitiva de alguno de éstos."

"1.- La ley exceptúa aquéllas de quien es lícito recibir como de las sobrinas o de sus cognados en grado más próximo o de la mujer."

"2.- Scevola; Reglas; Libro IV.- En virtud de esta ley se da acción también contra los herederos dentro del año, sólo debe la muerte del que era acusado."

"3.- Macer; De los Juicios Públicos; Libro I.- Por la Ley Julia sobre las concusiones es responsable el que teniendo alguna potestad hubiere recibido por juzgar o decretar."

"4.- Venuleyo Saturnino; De los juicios Públicos; Libro III.- o porque hiciese alguna cosa más o menos en virtud de su oficio."

"5.- Macer; De los Juicios Públicos, Libro I.- En virtud de esta ley se da acción también en contra de los de la comitiva de los jueces."

"6.- Venuleyo Saturnino; De los Juicios Públicos; Libro III- Son responsables por la misma ley los que por denunciar o no denunciar un testimonio, hubieren recibido dinero."

"- Al condenado por esta ley se le prohíbe protestar públicamente testimonio o ser juez o demandar."

"-Se dispone en la ley Julia relativa a las concusiones que nadie reciba dinero por elegir o licenciar a un militar, o que nadie reciba dinero por proferir sentencia en el senado o en el consejo público, o por acusar o no acusar, y que los magistrados urbanos se abstengan de toda sordidez, y que al año no reciban por donativo o regalo más de lo que importa cien áureos.

"7.- Macer; De los Juicios Públicos, Libro I.- Dispone la ley Julia relativa a las concusiones, que nadie reciba cosa alguna por nombrar, o cambiar, juez o árbitro, o mandarle que juzgue, o por no nombrarlo, no cambiarlo, o no mandarle que juzgue, ni por poner a un hombre en prisiones públicas, ni por condenar o absolver a un hombre, ni por hacer la estimación de un litigio, ni por celebrar o no celebrar, juicio capital o pecuniario."

"-Más se ve que la ley permite recibir de las personas exceptuadas ciertamente sin limitación, pero que no permite recibir de ninguno, de los que en este capítulo están enumerados, cantidad alguna."

"-También se dispone que no se dé por recibida obra pública que se ha de hacer, trigo que se ha de dar, suministrar o tomar para el público, conservación que se ha de hacer de edificios, antes de que se hayan cumplido y aprobado las condiciones que se hubieren prefijado en la ley."

"-Hoy son castigados extraordinariamente por la ley de las concusiones los reos, y las más de las veces o son castigados con destierro, o aún más duramente, según lo que hubieren hecho, porque ¿Qué se dirá, si hubiere recibido dinero por matar a un hombre, o aunque no lo hubiere recibido, hubieren sin embargo, llevados por su acaloramiento, matado a un inocente a quien no habían debido castigar? Deben ser castigados con pena capital, o ciertamente ser deportados a una isla, como muchos fueron castigados."

"8.- Paulo; Comentarios al Edicto, Libro IV.- Lo que contra a la ley relativa a las concusiones fue donado al procónsul o al Pretor no podrá ser usucapido."

"-La misma ley invalida las ventas o los arrendamientos hechos por mayor o menor precio por causa de esto, e impide la usucapión antes de que la cosa haya vuelto a poder de aquél, de quién salió, o de su heredero."

"9.- Papiniano; Respuestas, Libro XV.- Los que por dinero recibido corrompieron el cargo que públicamente se les encomendó son acusados del delito de concusión." [18]

La preocupación de los Romanos referente al establecimiento y sanción de aquellos miembros de la administración pública que llegasen a cometer el delito de concusión, no se limitó al campo del Derecho Penal, es decir, contemplaron también como consecuencia jurídica por la comisión de dicho delito; la restitución de lo obtenido ilegalmente por aquellos individuos así como el establecimiento del juicio público para los Presidentes de las Provincias Romanas, consecuencias que se regulaban de acuerdo a las disposiciones del Derecho Civil.

De esta manera, independientemente que se castigara en la vía penal la responsabilidad de aquellos encargados de un servicio público, también se incluían consecuencias jurídicas en el campo del Derecho Civil Romano, con lo que aquellas personas que sufrieran la exacción ejercida por los concesionarios, tenían el derecho de reclamar la restitución de lo obtenido ilegalmente por éstos, sin importar su jerarquía en la administración pública de la antigua Roma.

Con el objeto de ilustrar las consideraciones vertidas con anterioridad, se reproducen enseguida algunas de las disposiciones contenidas en el Derecho Civil Romano [19] que regulaban la restitución de lo obtenido ilegalmente así como el juicio público para los concesionarios:

"DE LA CONCUSION"

"1.- Ulpiano; opiniones, Libro V.- Si habiéndose simulado orden del presidente medio concusión, anda el presidente de la provincia que se restituya lo que se quitó por semejante terror y castiga el delito."

"2.- Macer; de los Juicios Públicos, Libro 1.- El juicio de concusión no es público, pero si alguno recibió dinero porque amenazó con la acusación criminal, puede haber juicio

---

[18] "Cuerpo del Derecho Civil Romano". Editorial Hermanos Kriegel, Hermano, Oserbruggen, Barcelona, España, Tomo III, Libro XLVII, Título XI, p. 767.
[19] "Cuerpo del Derecho Civil Romano". Editorial Hermanos Kriegel, Hermano, Oserbruggen, Barcelona, España, Título XIII, p. 713.

público, en virtud de los senadoconsultos en los que se manda que queden sujetos a la pena de la Ley Cornelia los que se hubieren lanzado a la acusación de inocentes o el que hubiere recibido dinero por acusar, por denunciar o no denunciar testimonio."

Con posterioridad, el Derecho Civil Romano fue perfeccionando aquellos ordenamientos tendientes a regular las exacciones ilegales de las cuales eran objeto la población romana. Así pues, en el periodo de diversos emperadores como Graciano, Valentiniano, Teodosio y Arcadio Honorio se votaron algunas disposiciones sobre el delito de la concusión, mismas, que a continuación se reproducen:

"SOBRE LA LEY RELATIVA A LAS EXACCIONES ILEGITIMAS"

"1.- Los Emperadores Graciano, Valentiniano y Teodosio, Augustos, a Matroniano Duque y Presidente de Cardeña.- Para que la pena de uno sólo pueda inspirar miedo a muchos, mandamos que el duque, que administró mal, vaya con la competente custodia a la provincia que había despojado, a fin de que contra su voluntad, pague el cuádruplo no solamente de lo que no diré su doméstico, sino el soldado raso y el servidor recibió, más también de lo que el mismo robó o quitó a nuestros provincianos."

"Dada en Constantinopla a 1 de los idus de junio, bajo el consulado de Antonio y Siagrio."

"2.- Los mismos Augustos a Floro, Prefecto del Pretorio.- Sepan los Jueces, que la pena de sus propios hechos ha de ser reclamada o de ellos, o de sus herederos."
"Dada a 10 de las calendas de septiembre bajo el consulado de Antonio y Siagrio."

"3.- Los mismos Augustos, a Marcelino.- Abstengan todos los conocedores y Jueces sus manos de recibir cantidades y patrimonios, no juzguen que es presa suya la contienda ajena. Porque también el conocedor y al mismo tiempo comprador, de litigios privados será obligado a sufrir la pena establecida en las leyes."

"Dada en Milán a 1 de las Nonas de abril, bajo el segundo consulado de Merobaude y del Saturnino."

"4.- Los mismos Augustos y Arcadio, Augusto; Edicto a los habitantes de las provincias.- Mandamos y exhortamos que si acaso alguno de los honrados con cargos, de los decuriones, de los poseedores, y también finalmente de los colonos, o de cualquier orden, hubiere sido por alguna razón objeto de concusión, por parte del Juez, si alguien pudiere probar que una pena sido remitida por precio o impuesta por vicio, o por último que por cualquier causa no fue probo el juez, manifiéstelo al público, o aun desempeñando éste el cargo, o después de dejado su desempeño, delate el crimen y pruebe la delación, habiendo de reportar victoria y gloria, cuando lo hubiere probado."

"Dada en Constantinopla a 10 de las calendas, bajo el consulado del noble joven Honorio y de Exodo."

"5.- Los Emperadores Valentiniano, Teodosio y Arcadio, Augustos, a Severino, conde de los bienes privados.- Cualquier procurador, encargado del gineceo, secretario, cobrador, colon o u otro cualquiera que recordara que había sido objeto de concusión, por parte del conde, acuda dentro del término de un año al tribunal de tu responsabilidad para reclamar lo que hubiere dado, luego que hubiere cesado en su cargo aquel a quien se le entregó el dinero, a fin de que aproveche, para las pensiones todo lo que el hubiera devuelto. Más si hubiere transcurrido el espacio del tiempo establecido desde la fecha que cesó en el desempeño del cargo, no se levantó ninguna voz de abogado, sino que queremos que los mismos procuradores, encargados, colonos, secretarios y cobradores obligados sean apremiados al pago."

"Dada en Milán a 7 de la Nonas de junio, bajo el 4 consulado de Valentiniano, Augusto y el de Neoterio."

"6.- Los Emperadores Teodosio y Valentiniano, Augustos, a Florencio Prefecto del Pretorio. Mandamos, que vayan a gobernar las provincias los varones que suelen ser promovidos a las insignias de tal honor no por ambición o precio, sino por testimonio de vida reputada y de tu grandeza, de suerte que aquellos a quienes se les hubiere conferido estos honores por elección de tu sede o por la nuestra, declararen, habiendo jurado en actuaciones, que ni dieron cosa alguna para obtener los cargos administrativos, ni la habrán de dar nunca después, ya por persona interpuesta, para defraudar la ley o el juramento, ora a título de donación o de venta, ora con otro pretexto de un contrato cualquiera, y que por virtud de esto no habrán de recibir, exceptuando los salarios, nada absolutamente, tanto colocadas en el cargo administrativo, como después de dejado el cargo, por razón de algún servicio prestado en la administración, que gratuitamente hubiere obtenido. Y aunque juzgamos que nadie se olvidará del temor divino menospreciado su juramento, de suerte que anteponga algún provecho de su propia salvación se junte también la necesidad del peligro, si alguno se hubiere atrevido a no hacer caso de los juramentos prestados, les concedemos a todos las facultades para acusar de crimen público, no solamente al que recibe, sino también al que da, debiendo ser de todos modos castigado con la pena del cuádruplo el que hubiere sido convicto."

"Dada en Constantinopla a 6 de las calendas de diciembre, bajo el décimo séptimo consulado de Teodosio, Augusto y el de Festo".[20]

Con el paso de los años y de los diferentes Emperadores que caracterizaron al Imperio Romano, surgieron entre ellos Arcadio y Honorio, quienes fueron descendientes de Teodosio. Así, encontramos que en los periodos correspondientes a dichos personajes no fue omisa la preocupación de los Romanos para establecer disposiciones tendientes a regular y castigar los casos de exacciones ilegales por partes de sus empleados públicos.

A efecto de ilustrar dicha consideración, a continuación se transcriben reglas a obedecer de la "Ley sobre las exacciones indebidas", que en su momento y parte conducente indicó:

"DE LAS EXACCIONES INDEBIDAS"
"1.- Los Emperadores Arcadio y Honorio, Augustos, a Apolodoro Proconsul de Africa.- Todo lo que sobre lo debido hubiere sido sacado los curiales o los cohortales u otros cobradores,

---

[20] "Cuerpo del Derecho Civil Romano". Editorial Hermanos Kriegel, Hermano, Oserbruggen, Barcelona, España, Título XXV, p. 469.

sea arrancado en el duplo, que convendrá sea inmediatamente restituido a los habitantes de las provincias."

"Más si alguno de los cobradores se hubiere habituado al crimen de la exacción indebida, se ha de rechazar e impedir su codicia con la pena capital, si perseverase en los mismos delitos."

"Dada En Milán a 1 de los idus de marzo, bajo el consulado de Estilicón y de Aureliano." [21]

Es indudable que el Derecho Romano es para estudio, un poderoso auxiliar. Con excepción de Inglaterra, país en que la ley común deriva de las costumbres locales y donde domina el elemento feudal, aquél constituye el inicio de las principales legislaciones de Europa que a su vez, influenciaron nuestro Derecho Civil Mexicano.

Efectivamente, en su momento, España utilizó como modelos a seguir las leyes del Derecho Romano y del Derecho Canónico, al igual que Italia, nación en que los redactores del Código Civil de 1865 se inspiraron. Consecuentemente, este es el lazo que une a nuestro Derecho Mexicano con los inicios de múltiples y diversas figuras que ya desde entonces, habían sido estudiadas en el Derecho Romano.

CAPÍTULO 2
ANTECEDENTES DEL DELITO DE LA CONCUSIÓN EN EL DERECHO PENAL MEXICANO Y SUS CONSECUENCIAS POLÍTICO-JURÍDICAS.

Sumario

2.1. El delito de la concusión en el Código Penal de 1871; 2.2. El artículo 111 de la Constitución de 1917; 2.3. Decreto Presidencial del 30 de diciembre de 1982; 2.4. Responsabilidad penal de los servidores públicos por la comisión de delitos; 2.5. El antejuicio y desaforamiento constitucional; 2.6. El juicio político.

2.1. El delito de concusión en el Código Penal de 1871.

Contradictoriamente a lo que se pudiese pensar, en el Derecho Penal Mexicano el primer ordenamiento en contemplar el delito de la concusión, no fue de carácter federal, sino local, como lo fue en este caso el Código Penal para el Estado de Veracruz, vigente a partir del 28 de abril de 1835.[22]

En este se estableció quienes eran considerados como responsables en la comisión de delitos como extorsiones y estafas así como las consecuencias jurídicas a aplicarse. A continuación se reproduce la parte correspondiente, para lo cual se respeta la sintaxis y ortografía vigente en el año 1835 y que indicó bajo el "Título V" denominado "De los delitos de los funcionarios públicos en el ejercicio

---

[21] Idem. Libre IX, Título XXVII, 469.
[22] Código Penal para el Estado de Veracruz. Editorial Blanco y Aburto. 1835.

de sus cargos, Sección IV de las extorsiones y estafas cometidos por los funcionarios públicos", del Código Penal en cita:

> "Artículo 416.- Cualquier funcionario público o agente del Gobierno encargado como tal de cualquier modo de la recaudación, administración, depósito, intervención o distribución de algún impuesto, contribución derecho o renta pública o municipal, que por esta razón exija o haga exigir de los contribuyentes y los haga pagar lo que sepa no deben satisfacer o más de los que deban legítimamente, perderá su empleo y resarcirá la indebidamente pagado..."

> "Articulo 424.- El funcionario público que en cualquiera de los casos que quedan expresados en esta sección, ecsija o haga ecsijir lo que sepa que no se deba pagar, o que es más de lo que se debe, sufrirá por este solo hecho, aunque no se llegue a satisfacer lo injustamente ecsijido, la suspensión de su empleo o cargo y sueldo por dos meses a cuatro años y una multa de la cuarta parte de la mitad del importe de lo que indebidamente ecsija o haga ecsijir."

Como se puede apreciar en el articulado del Código Penal de Veracruz se contemplaban sanciones como la suspensión del empleo o cargo que venía desempeñando el funcionario público así como de su sueldo, independientemente de la aplicación de una multa en su contra.

Sin embargo, es hasta el año de 1871 en que el delito de la concusión es incluido en el primer Código Penal Federal llamado "de Martínez de Castro", vigente en nuestro País desde el 1ro. de abril de 1872 hasta 1929, bajo el Título XI denominado "Delitos de los funcionarios públicos en ejercicio de sus funciones", Capítulo V.

A efecto de ilustrar dicha observación, se transcribe a continuación el texto original de los viejos artículos 222, 223 y 224 del cuerpo normativo en mención, que tipificaban y reprimían el tipo penal en estudio:

> "ARTICULO 222.- Comete el delito de concusión el encargado de un servicio que, con el carácter de tal y a título de impuesto o contribución, recargo, renta, rédito, salario o emolumento, exija, por sí o por medio de otro dinero, valores, servicios o cualquiera otra cosa que sepa no ser debida, o en mayor cantidad que la señalada por la ley."

> "ARTICULO 223.- A los funcionarios y empleados públicos que cometan el delito de concusión, se les aplicará destitución de empleo e inhabilitación para obtener otro por un término de dos a seis años y pagarán una multa igual al duplo de la cantidad que hubieren recibido indebidamente. Si ésta pasare de cien pesos, se le impondrá además de tres meses a dos años de prisión."

> "ARTICULO 224.- Las sanciones del artículo anterior se aplicarán también a los encargados o comisionados por un funcionario público que, con aquella investidura, cometan el delito de concusión." [23]

De la simple lectura que se efectúe es notorio que en el cuerpo de los dos códigos citados con anterioridad, el Gobierno Mexicano protegía de sobremanera a aquellos individuos que prestaban

---

[23] Código Penal Mexicano. 1870.

sus servicios en la Administración Pública ya que sólo se incluían como sanciones: la destitución, la suspensión de empleo o cargo, la suspensión de sueldo o la aplicación de una multa y por último, la inhabilitación para desempeñar otro cargo por un tiempo determinado.

Es hasta el año de 1871 en que se incluye como consecuencia jurídica la pena privativa de libertad a aquellos funcionarios corruptos, pero con el elemento sine qua non, de que la cantidad recibida sobrepasara los cien pesos.

De igual manera, en el Código Penal Mexicano de 1929 se reguló al delito de la concusión. Sin embargo, en sus disposiciones no se encuentra aportación o cambio alguno en lo que respecta a la descripción del tipo penal así como al establecimiento de sanciones jurídicas, bajo el Título Vigésimo Primero, Capítulo I y que se denominó "Del Peculado y la Concusión." [24]

Tres años después con la expedición del nuevo Código Penal Mexicano, en el año de 1931, el delito de la concusión siguió sin ningún cambio en su descripción legal o establecimiento de sanciones jurídicas, bajo el Título Décimo, denominado "Delitos cometidos por los funcionarios públicos", Capítulo V, con lo que el tipo en comento, aparentemente no había evolucionado a la par de la sociedad y gobierno mexicanos.

Tal atraso en el Derecho Penal Mexicano se debe tal vez a que como se verá con posterioridad, en la historia de los Tribunales Federales en Materia Penal de toda la República Mexicana, se ha tenido conocimiento de escasos casos prácticos referentes a la concusión. Bien es sabido que la sociedad y la tecnología evolucionan con anticipación al Derecho mismo y este, debe de adaptarse a aquéllas para estar en condiciones de regular los avances que van observando con el paso del tiempo y por ello, la figura en examen tal parece que ha pasado desapercibida.

2.2. El artículo 111 de la Constitución de 1917.

En el transcurso de la historia política de México es conocido que el enriquecimiento ilegítimo que circunda a la ahora Administración Pública Federal efectuado por los llamados servidores públicos, tiene sus raíces y orígenes en la historia de nuestro propio país, ente, que a través de su Gobierno ha pretendido precisamente el evitar el saqueo indiscriminado de la riqueza nacional mediante disposiciones normativas, cuyo fin ha sido el imponer multas de carácter administrativo o medidas represivas en su caso, por la comisión de delitos a quienes resultaren involucrados.

Sin embargo, es conveniente destacar que no todas las personas que desempeñan un cargo o servicio público en la Administración Federal, gozan de los mismos privilegios, ya que el mal llamado Fuero Constitucional (debería ser llamado "inmunidad constitucional" ya que los fueros están prohibidos en el artículo 13 de nuestra Carta Magna) en el caso de los que son considerados como Altos Funcionarios; no tiene otro objeto que como postuló JUAN JOSÉ GONZÁLEZ BUSTAMANTE: "...queden a cubierto de todo ataque injustificado, puesto que, por la misma delicadeza de las funciones que desempeñan y por estar sujetos con frecuencia a los ataques que en un momento dado pueden minar la estabilidad del régimen, deben estar a salvo de toda acusación festinada, no obstante el incurrir en hechos relevantes para el Derecho Penal por el abuso y aprovechamiento personal de la jerarquía de su cargo."

---

[24] Código Penal Mexicano. 1929.

En lo que respecta a la historia de nuestro país, es hasta 1917 que fue materializada la esperanza de que se estudiasen y sancionaran con mayor transparencia los delitos cometidos por los funcionarios públicos, dadas las circunstancias políticas y sociales que imperaban en México.[25]

Sin embargo, como en la mayoría de nuestras legislaciones se adoptó un mecanismo de juzgamiento no propio para la realidad mexicana, el establecimiento de un jurado popular que provino del Common Law como copia del Derecho Constitucional de los Estados Unidos de América, especialmente, en los juicios criminales que son ventilados y resueltos en primera instancia. En el caso concreto, en el Artículo III (De la Rama Judicial), Sección 2, párrafo tercero de la "Constitución de los Estados Unidos de América", se establece en primer lugar que todos los delitos, salvo en los casos de impugnación, será procesados por Jurado y en el juicio correspondiente se celebrará en el Estado donde los presuntos delitos fueron cometidos, sin embargo, si no fueron cometidos dentro de un Estado determinado, el juicio se celebrará en el o los lugares que el Congreso designe conforme a la Ley.

En la Enmienda 5 a la "Constitución de los Estados Unidos de América" bajo el rubro La Declaración de Derechos-Los Derechos en las causas penales, se establece que ninguna persona será detenida para que responda por un delito capital, o infamante por algún otro concepto, sin un auto de denuncia o acusación formulado por un Gran Jurado, salvo en los casos que se presenten en las fuerzas terrestres o navales, o en la Milicia, cuando éstas estén en servicio efectivo en tiempo de Guerra o de peligro público, tampoco podrá someterse a una persona dos veces, por el mismo delito, al peligro de perder la vida o sufrir daños corporales; tampoco podrá obligársele a testificar contra sí mismo en una causa penal, tampoco podrá enajenarse la propiedad privada para darle usos públicos sin una compensación justa.

De igual manera, en la Enmienda 6 a dicho cuerpo constitucional extranjero, bajo el rubro de El derecho a un juicio justo se ordena que en todas las causas penales, el acusado disfrutará del derecho a un juicio público y expedito a cargo de un jurado imparcial del Estado y distrito donde el delito haya sido cometido; tal distrito previamente habrá sido determinado conforme a la ley y dicho acusado será informado de la índole y el motivo de la acusación; será confrontado con los testigos que se presenten en su contra; tendrá la obligación de obtener testimonios a su favor, y contará con la asistencia jurídica apropiada para su defensa.

Es así que bajo la influencia de una figura legal extranjera del Common Law y ajena totalmente al sistema legal de Derecho Común, adoptado en México, el Presidente de la República Mexicana en el proyecto de Carta Magna enviado al Congreso Constituyente de 1917, ordenó en el artículo 111 la siguiente disposición.

> "El Congreso Federal, expedirá a la mayor brevedad posible, una ley sobre responsabilidades de todos los funcionarios y empleados de la Federación, determinando como o faltas oficiales, todos los actos u omisiones que puedan redundar en perjuicio de los intereses públicos y del buen despacho aunque hasta la fecha no hayan tenido carácter delictuoso. Estos delitos serán siempre juzgados por un jurado popular, en los términos que para delitos de imprenta establece el artículo 20."

---

[25] GONZÁLEZ, Bustamante, Juan. "Los delitos de los Altos Funcionarios y el Fuero Constitucional". Ediciones Botas, México, D.F. 1946, p. 77.

La realidad social y jurídica de México en esa época provocó que en la practica la figura del jurado popular de los Estados Unidos de América no tuviese resultados favorables, porque si los propios juristas mexicanos de aquél entonces no tenían experiencia con procedimientos meta procesales en los que se tuviese que resolver sobre la culpabilidad de un sujeto, ello se reitera, fuera de un proceso judicial, reconocido por nuestro propio sistema constitucional, contrariando toda lógica, ¿Cómo le iba a ser conferida una responsabilidad tan delicada a un jurado popular compuesto por ciudadanos legos?, sobre todo para juzgar a un alto funcionario.

Como acertadamente lo abordó en su momento JUAN JOSÉ GONZÁLEZ BUSTAMANTE, en esa época de nuestro México, se llegó a la equivocada conclusión de que el pueblo tenía el derecho de juzgar los delitos cometidos por los funcionarios que tenían cargos en la Administración Pública.

Así, el jurado popular fue eliminado en el Distrito Federal para delitos del orden común desde el Código Penal de 1929, ante fallos absolutorios que se dictaban en los casos sometidos a juicio, "... porque no era posible exigir de personas ajenas a la Ciencia del Derecho, el conocimiento de delitos de carácter técnico, como lo son el peculado, la concusión, el abuso de poder y otros que por su misma complejidad no pudieron ser apreciados conforme a Derecho, por un tribunal de conciencia." [26]

Para dar cumplimiento a lo preceptuado en el artículo 111 de la Constitución de 1927, el 21 de febrero de 1940 se expidió la entonces "Ley de Responsabilidades de los Funcionarios y Empleados de la Federación del Distrito y Territorios Federales y de los Altos Funcionarios de los Estados", surgiendo así la aplicación del principio toral aportado por la Escuela Alemana y que fue adoptado también el Derecho Penal Mexicano, esto es, el de "nullum crimen milla poena sine lege" al tenor del cual, nada podía hacerse para enjuiciar a los altos funcionarios y a los funcionarios y empleados de la Administración Pública por los delitos cometidos en el ejercicio de sus funciones, cuando se caía en el caso de que la conducta desplegada por tales individuos no encuadraba en el tipo descrito en la ley, con lo que se estaba ante la atipicidad de la figura delictiva ya que no existía entonces, un ordenamiento legal que definiese el delito y señalase las penas correspondientes a aplicar.

Con el paso del tiempo y acorde con las necesidades de la sociedad y gobierno mexicanos, nuestro Derecho Penal se vio nuevamente en la postura de efectuar cambios importantes en lo que respecta a la responsabilidad penal en que incurrían los ahora llamados "servidores públicos". Ante tal situación, el Gobierno de la República por conducto del Ejecutivo Federal mandó crear, ampliar y en su caso derogar figuras legales que configurasen todas aquéllas conductas en que pudiesen incurrir los individuos que desempeñasen un empleo o cargo en la Administración Pública Federal.

Por ello, con la iniciativa dirigida a la Cámara de Diputados del H. Congreso de la Unión, en el régimen del señor Presidente Constitucional de los Estados Unidos Mexicanos Miguel de la Madrid Hurtado, se pretendió modificar entre otros, el texto del tipo penal que describía al instituto de la concusión y que hasta entonces no había observado alteración alguna.

Con el propósito de ilustrar lo señalado se transcribe a continuación la iniciativa por parte del Ejecutivo Federal [27] que en la parte conducente indicó:

---

[26] GONZÁLEZ, Bustamante, Juan J. "Los delitos de los Altos Funcionarios y el Fuero Constitucional". Ediciones Botas. México, D.F. 1946, p. 80.

"Iniciativa del Ejecutivo Federal dirigida a los CC. Secretarios de la Cámara de Diputados del H. Congreso de la Unión... "

"...La iniciativa tipificaba como delito las conductas públicas ilícitas que ostensiblemente se han desarrollado durante el último medio siglo y que la ley ha ignorado. Establece, sobre bases coherentes, sanciones penales efectivas para prevenir y castigar dichas conductas, en consecuencia con las reformas y adiciones al título 4 Constitucional en general y al artículo 11 en particular, que he sometido a la consideración del H. Congreso de la Unión. Esta iniciativa regula, siguiendo esos principios constitucionales, las penas para los delitos patrimoniales cometidos por servidores públicos de acuerdo con los beneficios económicos obtenidos o de los daños económicos causados por su delincuencia, así como la naturaleza preventiva que debe tener su sanción económica."

"Las bases generales de la legislación penal vigente no consagraban esos principios, los que, entre otros factores, ha propiciado la delincuencia con cargo al patrimonio del pueblo."

TIPOS PENALES NUEVOS
"Se contemplan 6 delitos nuevos como: "Uso indebido de atribuciones y facultades", "intimidación", ejercicio abusivo de fundones", "tráfico de influencia", "deslealtad" y "el enriquecimiento ilícito."

ADECUACIÓN DE TIPOS PENALES EXISTENTES.
"Se amplían los tipos penales de: Abuso de autoridad, cohecho y peculado. (Nótese que no se menciona a la concusión.)

ELIMINACIÓN Y REORDENACIÓN DE CONDUCTAS DELICTUOSAS.
"Se propone eliminar 4 fracciones del delito de "ejercicio indebido o abandono de funciones públicas " referentes a acciones u omisiones en el servicio público que resulta irrazonable sancionar penalmente."

TIPIFICACIÓN DE LA CORRUPCIÓN ACTIVA.
"Se propone sancionar expresamente la conducta de cualquier persona que promueva la corrupción delictuosa del servidor público, aunque se preserve la integridad del mismo. "

"...Por lo anterior y con fundamento en la fracción I del artículo 71 de la Constitución Política de los Estados Unidos Mexicanos, por el digno conducto de Usted, me permito presentar a la consideración del H. Congreso de la Unión, la presente iniciativa de Decreto de reformas a diversas disposiciones del Código Penal para el Distrito Federal en Materia del Fuero Común y para toda la República en Materia del Fuero Federal, en los siguientes términos:"

"ARTICULO PRIMERO.- Se reforman y adicionan diversas disposiciones del Código Penal para el Distrito Federal en Materia del Fuero Común y para toda la República en Materia del Fuero Federal, para quedar como sigue:"

---

[27] Diario Oficial de la Federación del 5 de enero de 1983.

TITULO DÉCIMO
Delitos cometidos por servidores públicos.
CAPITULO VI
Concusión

"Articulo 217.- Comete el delito de concusión el servidor público que con el carácter de tal y a título de impuesto o contribución, recargo, renta, rédito, salario, o emolumento, exija por si o por medio de otro, dinero, valores, servicios o cualquiera otra cosa que sepa no ser debida, o en mayor cantidad que la señalada por la Ley. "

"Al que cometa el delito de concusión se le impondrán las siguientes sanciones:"

"Cuando la cantidad o el valor de lo exigido indebidamente no exceda del equivalente de quinientas veces al salario mínimo diario vigente en el Distrito Federal en el momento de cometerse el delito, o no sea valuable, se impondrá de tres meses a dos años de prisión, multa de treinta veces a trescientas veces el salario mínimo diario vigente en el Distrito Federal en el momento de cometerse el delito y destitución e inhabilitación de tres meses a dos años para desempeñar otro empleo, cargo o comisión públicos. "

"Cuando la cantidad o el valor de lo exigido indebidamente exceda de quinientas veces el salario mínimo diario vigente en el Distrito Federal en el momento de cometerse el delito, se impondrán de dos años a doce años de prisión, multa de trescientas veces a quinientas veces el salario mínimo diario vigente en el Distrito Federal en el momento de cometerse el delito y destitución de dos años a doce años para desempeñar otro empleo, cargo o comisión públicos. "

Como se ha visto hasta este punto, con la iniciativa que se transcribe, el texto original de tipo penal que describía al delito de la concusión, fue alterado en 1983 para dar cabida al nuevo tipo legal, esto, con el propósito de reprimir toda clase de conductas delictivas por parte de las personas que llegasen a prestar sus servicios en la Administración Pública Federal y así, no dejar recovecos en cuanto a la responsabilidad penal en que pudiesen incurrir dichos servidores públicos.

A continuación se reproducen de manera fiel, las consideraciones vertidas en la Cámara de Origen así como el contenido del Diario de Debates de dicha Cámara, con la participación de cada uno de los señores Diputados de los diversos Partidos Políticos existentes en nuestro país en ese entonces, en las que sometieron a consideración, estudio y réplica en su caso, los delitos que se indican en las intervenciones correspondientes:

"CÁMARA DE DIPUTADOS"

CONSIDERANDO

" ...4.- Que esta Comisión de Justicia considera plausible la iniciativa del Ejecutivo, por cuanto amplia los tipos penales de "abuso de autoridad", "cohecho" y "peculado", y por cuanto tipificaba como delictivas, nuevas conductas no previstas por la legislación vigente, que la Nación ha reconocido como incompatibles con las del buen servidor público, como lo son el "uso indebido de atribuciones y facultades", "intimidación", "ejercicio abusivo de funciones", "tráfico de influencia "y "enriquecimiento ilícito", que por sus propios títulos indican los valores sociales que van a proteger a la necesidad de su vigencia."

"DIARIO DE DEBATES"

"El C. Dip. Daniel Ángel Sánchez Pérez (PSUM) aborda el estudio del delito de "deslealtad", con participación y réplica de los CC. Dips. Alberto Salgado Salgado (PST), de Iván García Solís (PSUM), de Heriberto Batres (PRI) y de Everardo Gamiz Fernández (PRI)."

"El C. Dip. Armando Corona Boza (PRI), aborda el estudio del delito de "ejercicio indebido de servicio público", sin participación o réplica alguna."

"El C. Dip. Viturbio Cortés Lobato (PPS), aborda el estudio del delito de "uso indebido de atribuciones y facultades", con participación y réplica de los CC, Dip. Álvaro Uribe Salas (PRI) y de Francisco Álvarez de la Fuente (PDM)." "El C. Dip. Gerardo Medina (PAN), aborda el estudio del delito de "peculado", con participación y réplica del C. Dip. Salvador Rocha Díaz (PRI)."

De la llana lectura que se efectúe sobre el texto oficial de la iniciativa presidencial referida,[28] salta a la vista el desconocimiento que se presenta al abordar el tema de la concusión, debido en gran parte, a la escasa configuración de dicho instituto en los Tribunales en Materia Penal de toda la República Mexicana, situación, que acarrea la poca información doctrinal y forense existente sobre dicho instituto.

Mediante la iniciativa de mérito se deja al descubierto que el delito de la concusión es prácticamente desconocido y como se puede apreciar no obstante que el tipo penal del instituto en estudio era modificado, tal alteración no fue sometida a examen o réplica por alguno de los señores Diputados y Senadores que integran el H. Congreso de la Unión, lo que claramente robustece la inopla en que se cae al abordar dicha figura jurídica.

Así pues, se continúa con la transcripción correspondiente tanto al Dictamen como al Diario de Debates, efectuados en la Cámara Revisora del H. Congreso de la Unión.

"CÁMARA DE SENADORES"

DICTAMEN

"Estas comisiones de Justicia, consideran plausible la iniciativa del Ejecutivo, por cuanto amplía los tipos penales de "abuso de autoridad", "cohecho" y "peculado" y por cuanto tipificaba como delictivas, nuevas conductas no previstas por la legislación vigente, que la Nación ha reconocido como incompatibles con las del buen servidor público, como lo son el "uso indebido de atribuciones y facultades", "intimidación", ejercicio abusivo de funciones", "tráfico de influencia" y "enriquecimiento ilícito", que por sus propios títulos indican los valores sociales que van a proteger y la necesidad de su vigencia. "

"DIARIO DE LOS DEBATES"

"C. Senador JOSÉ SOCORRO SALCISO GÓMEZ, toma la palabra para apoyar el dictamen."

---

[28] Texto Oficial de la Iniciativa Presidencial contenida en el Diario Oficial de la Federación del 5 de enero de 1983.

"... La conducta abiertamente antijurídica de los servidores públicos, que constituyen el uso indebido de atribuciones y facultades, la intimidación, el ejercicio abusivo de sus funciones, el tráfico de influencia, la deslealtad y el enriquecimiento ilícito, no está tipificada como delito y consecuentemente no está sancionada. En la iniciativa se subsanan estas omisiones."

"En la propia iniciativa se advierte la imposición de sanciones diferentes, para los distintos servidores públicos, sancionando más gravemente a quien con su conducta y peligrosidad en el desempeño de su cargo comete un delito de los mencionados en el título Vil causando más daño a la sociedad y al Estado. Ello nos parece justo y acertado."

"Asimismo, la adecuación que los tipos penales existen en la legislación vigente, que son el de abuso de autoridad, el cohecho, y el peculado, al ampliarse con conductas antijurídicas hasta ahora no contempladas, benefician notoriamente la moralización de la Administración Pública al elevarse a figuras delictivas tales como: el otorgamiento de empleo, cargos y comisiones que se saben no serán desempañados, el otorgamiento de acreditaciones falsas y la contratación de personal inhabilitado, toda vez que con ello se combate, entre otros, ese mal que se ha introducido en la Administración Pública, tildando al pueblo a quienes disfrutan de un salario sin devengarlo como "aviadores", lo que ha originado un dispendio de los recursos en perjuicio de la población activa del país."

"La solicitud de dádivas, para sí o para un tercero, el uso de fondos públicos y de facultades y atribuciones para regular la economía, la distracción de tales fondos, así como las conductas ilícitas que se contemplan en la iniciativa como nuevos tipos delictivos, han sido y son conductas que han provocado un deterioro, menoscabando la imagen de la Administración Pública, daño que es necesario corregir, siendo imprescindible e imperativo por parte de la administración pública que se recobre la confianza y simpatía del gobierno."

"Por lo expuesto y por tratarse de un asunto de trascendencia para la Nación, que requiere la solidaridad responsable y oportuna de este cuerpo legislativo con el C Presidente de la República, los exhortos, compañeros senadores, a aprobar en sus términos la iniciativa puesta a su consideración."

"C. Secretario TRASVINA TAYLOR; aprobado en lo general y en lo particular por 56 votos. Pasa al Ejecutivo de la Unión para los efectos constitucionales." [29]

2.3. Decreto Presidencial del 30 de diciembre de 1982.

Una vez aprobada la iniciativa del Ejecutivo Federal, mediante Decreto Presidencial del 30 de diciembre de 1982 publicado en el Diario Oficial de la Federación de fecha 5 de enero de 1983, se integraron y modificaron algunos "tipos legales" referentes al Nuevo Título Décimo del Código Penal vigente en ese entonces, que como se expuso fueron creados con el propósito de ampliar notablemente los tipos en dicho título y regular la comisión de éstos, por los llamados servidores públicos así como el establecimiento o actualización de las sanciones correspondientes.

---

[29] Diario Oficial de la Federación del 5 de enero de 1983.

Para tal efecto, el Legislador en el título Décimo del Código Penal entonces vigente contempló la integración o modificación de algunos tipos tendientes a la regulación de delitos a cometer por los servidores públicos, entre los que figuran; "el ejercicio indebido de servicio público" (art. 214), "abuso de autoridad" (art. 215), "coalición de servidores públicos" (art. 216), "uso indebido de atribuciones y facultades" (art. 217), "concusión" (art. 218), "intimidación" (art. 219), "ejercicio abusivo de funciones" (art. 220), "tráfico de influencia" (art. 221), "cohecho" (art. 222), "peculado" (art. 223) y "enriquecimiento ilícito" (art. 224).

A continuación se reproduce a la letra el texto del Decreto Presidencial en comento, con el que se reformó el anterior tipo penal que regulaba el delito de la concusión para dar cabida al nuevo artículo 218 [30] que describe y sanciona hasta la fecha el instituto en estudio de la siguiente manera:

"MIGUEL DE LA MADRID HURTADO, Presidente Constitucional de los Estados Unidos Mexicanos, Presidente de la República. "

"MIGUEL DE LA MADRID HURTADO, Presidente Constitucional de los Estados Unidos Mexicanos, a sus habitantes, saber:"

"Que el congreso de la Unión, se ha servido dirigirme el siguiente
DECRETO

El Congreso de los Estados Unidos Mexicanos, decreta
REFORMAS AL CÓDIGO PENAL PARA EL DISTRITO FEDERAL EN MATERIA DEL FUERO COMÚN
Y PARA TODA LA REPÚBLICA EN MATERIA DEL FUERO FEDERAL,
para quedar como sigue:

"ARTICULO ÚNICO.- Se reforman y adicionan diversas disposiciones del Código Penal para el Distrito Federal en Materia del Fuero Común y para toda la República en Materia del Fuero Federal, para quedar como sigue:"

"TITULO DÉCIMO; Delitos cometidos por Servidores Públicos.

'ARTICULO 218.- Comete el delito de concusión el servidor público que con el carácter de tal y a titulo de impuesto o contribución, recargo, renta, rédito, salario o emolumento, exija, por si o por medio de otro, dinero, valores, servicios o cualquiera otra cosa que sepa no ser debida, o en mayor cantidad que la señalada por la ley."

"Al que cometa el delito de concusión se le impondrán las siguientes sanciones:"

"Cuando la cantidad o el valor de lo exigido indebidamente no exceda del equivalente de quinientas veces el salario mínimo vigente en el Distrito Federal en el momento de cometerse el delito, o no sea valuable, se impondrán de tres meses a dos años de prisión, multa de treinta veces a trescientas veces el salario mínimo vigente en el momento de cometerse el delito y destitución e inhabilitación de tres meses a dos años para desempeñar otro empleo, cargo o comisión públicos."

"Cuando la cantidad o el valor de lo exigido indebidamente exceda de quinientas veces el salario mínimo vigente en el Distrito Federal en el momento de cometerse el delito, se impondrán de dos años a doce años de prisión, multa de trescientas a quinientas veces el

---

[30] Diario Oficial de la Federación del 5 de enero de 1983.

salario mínimo vigente en el Distrito Federal en el momento de cometerse el delito y destitución e inhabilitación de dos años a doce años para desempeñar otro empleo, cargo o comisión públicos." [31]

Con el Decreto Presidencial del 30 de diciembre de 1982 todas aquellas personas con un cargo o servicio en la Administración Pública, serían llamados y considerados desde ese momento para efectos del Derecho Penal como "servidores públicos", en concordancia con lo ordenado por el Decreto Presidencial de fecha 28 del mismo mes y año, mediante el cual se reformó el primer artículo del Título Cuarto de nuestra Carta Magna.[32]

Así, con el segundo de los Decretos Presidenciales en mención se reformó dicho título que había permanecido prácticamente sin variación alguna durante sesenta y cinco años, con lo que se le denominó "De las responsabilidades de los servidores públicos". En la exposición de motivos de dicho ordenamiento se dejó claro que bajo la nueva denominación de "servidores públicos" se incluyeron tanto los trabajadores como los funcionarios públicos, con lo que este cambio tuvo como objetivo primordial el acentuar el carácter de servicio a la sociedad que debe observar el trabajador público ya sea en su cargo, empleo o comisión.

En este punto puede concluirse que con las reformas de 1982 se ofreció un mejor tratamiento unitario y sistematizado con lo que respecta al régimen de las responsabilidades de los servidores públicos, tendiente a regular y establecer las diferentes clases de responsabilidad que se pueden presentar, atendiendo a la naturaleza de sus actos, que, pueden caer en el campo político, civil, administrativo o en la especie, del Derecho Penal.

2.4. Responsabilidad penal de los servidores públicos por la comisión de delitos.

Con las reformas logradas tanto en la Constitución Política de los Estados Unidos Mexicanos como en el Código Penal Federal, la preocupación del Gobierno Mexicano por evitar el saqueo indiscriminado de la riqueza nacional por parte de los servidores públicos, ha sido notable pero insuficiente, toda vez que una de las realidades que siempre han caracterizado al Gobierno Mexicano como a su Administración Pública Federal ha sido precisamente la existencia de algunos servidores públicos que aprovechan la jerarquía de su cargo, empleo o comisión para amasar grandes fortunas.

De ahí la necesidad de crear, modificar y en su caso, actualizar aquellos ordenamientos cuyo fin primordial fue, es y será el de establecer, regular y aplicar las sanciones correspondientes a aquellos servidores públicos.

En virtud de las modificaciones contempladas en el Decreto Presidencial del 28 de diciembre de 1982, la entonces nueva denominación sobre el Título Cuarto de nuestra Carta Magna, titulado "De las Responsabilidades de los Servidores Públicos" importó en gran medida ya que a través de la misma y de acuerdo a la exposición de motivos de la iniciativa presidencial que le dio origen, se buscó destacar: "la naturaleza del servicio público a la sociedad que comporta su empleo, cargo o comisión." [33]

---

[31] Diario Oficial de la Federación del 5 de enero de 1983.
[32] Constitución Política de los Estados Unidos Mexicanos. Comentada. UNAM. 1990, p. 260.
[33] Diario Oficial de la Federación del 28 de diciembre de 1982.

El calificativo del "servidor público" establecido para el ámbito federal, en los términos de lo ordenado en el artículo 108 Constitucional en su primer párrafo, tuvo que ser adoptado por las Legislaturas Locales para ser plasmado en las Constituciones correspondientes, en las que debió de precisarse el carácter de servidores públicos de quienes desempeñen empleo, cargo o comisión en los Estados y en los Municipios.

Como complemento al artículo 108 Constitucional, existe disposición en el primer párrafo del artículo 212 del Código Penal Federal, que a la letra indica:

> "ARTICULO 212.- Para los efectos de este Título y el subsecuente es servidor público toda persona que desempeñe un empleo, cargo o comisión de cualquier naturaleza en la Administración Pública Federal Centralizada o en la del Distrito Federal, Organismos Descentralizados, empresas de participación estatal mayoritaria, organizaciones y sociedades asimiladas a estas, fideicomisos públicos, en el Congreso de la Unión, o en los poderes Judicial Federal y Judicial del Distrito Federal, o que manejen recursos económicos federales. Las disposiciones del presente Título son aplicables a los Gobernadores de los Estados, a los Diputados a las Legislaturas Locales y a los Magistrados de los Tribunales de Justicia locales, por la comisión de los delitos previstos en este título, en materia federal."

Aunado a lo anterior, por lo que respecta a los sujetos que no se encuentran precisados tanto en la Carta Magna como en el Código Penal Federal, se destaca que dicha omisión queda subsanada con la interpretación que se efectúe sobre lo ordenado en los artículos 3 fracción X de la Ley General del Sistema Nacional Anticorrupción y 3 fracción XXV de la Ley General de Responsabilidades Administrativas que establecen quienes deben ser considerados como servidores públicos.

Con el propósito de establecer una definición general de carácter doctrinal de lo que debe entenderse por servidor público, se reproduce el criterio común en que concurren diversos tratadistas:

> "...A la noción de servicio público se le entiende como una actividad técnica encaminada a satisfacer necesidades básicas y fundamentales de la sociedad."

> "... También con frecuencia la Constitución utiliza las palabras servicio público o servidor público para hacer referencia al trabajo personal prestado a favor del Estado, o a la persona que realiza ese trabajo a favor del Estado, entendiendo por éste el concepto más alto." [34]

Por lo que respecta a los servidores públicos que laboran en los Estados de la República, dicho carácter deberá ser precisado por conducto de los Gobiernos locales a través de las legislaciones correspondientes.

Finalmente, por lo que se refiere a los miembros del Ejército y Fuerzas Armadas es claro que también son servidores públicos, al tenor de lo ordenado en los artículos 108 Constitucional así como 1ro. párrafo segundo, 2, 26 y demás relativos y aplicables de la "Ley Orgánica de la Administración Pública Federal".

---

[34] ACOSTA, Romero. "Teoría General del Derecho Administrativo". Editorial Porrúa. 1990. P. 742.

Ello se robustece con la Tesis que se transcribe a continuación, sustentada por Tribunales Colegiados de Circuito, visible a fojas 510, del Apéndice al Semanario Judicial de la Federación, Octava Época, Tomo I, Segunda Parte-2, que a la letra indica lo siguiente:

> "PRIVACIÓN ILEGAL DE LA LIBERTAD, SUJETO ACTIVO EN EL DELITO DE. En el delito de privación ilegal de la libertad, previsto en el artículo 364 fracción II del Código Penal Federal, es requisito indispensable que el sujeto activo sea un particular; por lo que, no se configura si quien realiza la conducta típica es un servidor público como lo es un militar, en actos relacionados con la función que desempeña en el ejército."

> "Amparo en revisión 27/88. Juan José Jiménez Caparrosa y Leonardo Martínez Hernández, 26 de abril de 1988. Unanimidad de votos. Ponente: Humberto Román Palacios. Secretaria: María del Carmen Villanueva Zavala."

Responsabilidad del Presidente de la República por la comisión de un hecho relevante para el Derecho Penal.

Al abordar el tema referente a la responsabilidad en que pudiese incurrir el Presidente de la República durante el tiempo de su encargo, resulta que sólo podrá ser acusado por conducto de la Cámara de Diputados por traición a la patria y delitos graves del orden común, para lo cual, la Cámara de Senadores deberá de resolver lo conducente en atención a lo ordenado en la Legislación Penal vigente.

Aunque parezca contradictorio e ir en contra del "Principio de Igualdad" consagrado en la Carta Magna, el Presidente de la República goza de una inmunidad de carácter "temporal", es decir, durante el tiempo que dura su encargo ya que sólo podrá imputársele responsabilidad penal por los delitos señalados anteriormente.

Sin embargo, al finalizar su periodo al frente de la gobernanza del País podría atribuírsele responsabilidad penal en lo que respecta a los "delitos" no contemplados en el artículo 108 Constitucional, por conducto de los Tribunales competentes.

2.5. El antejuicio o el desaforamiento constitucional.

Una vez aclarada la interrogante de sobre quienes debe recaer el distintivo de "servidores públicos", debe de señalarse que el procedimiento penal para imputar responsabilidad alguna a determinados servidores públicos, por lo que respecta al instituto de la concusión (entre otros y que es materia de examen en el presente estudio); "no procederá con la prontitud deseada."

Tal dilación en la administración de justicia por lo que respecta a "algunos" servidores públicos, estriba en la jerarquía del cargo, empleo o comisión que éstos llegan a desempeñar. En acatamiento a lo ordenado en nuestro máximo ordenamiento jurídico, será menester observar previamente ciertos requisitos, para poder proceder penalmente en contra de dichos servidores públicos.

Estos requisitos al igual que en diversas Constituciones Políticas extranjeras constituyen cierta protección de carácter político a determinados miembros de las respectivas administraciones, con la aplicación de ciertos privilegios, los cuales son conocidos legalmente como "fuero" o "inmunidad" en atención al régimen político que prevalezca en cada Nación.

Para cumplir con dicho cometido deben de satisfacerse determinados requisitos (que en su momento serán abordados) y que darán vida al mal llamado "desaforamiento" o "antejuicio" haciendo la aclaración que dichas denominaciones, son aportadas por diversos tratadistas en atención a la corriente intelectual y época a la que pertenecen pero que estriban sobre el mismo instituto. Una vez aclarado lo anterior, a continuación se aborda el estudio del mal llamado "fuero constitucional."

El mal llamado fuero o inmunidad constitucional

Etimológicamente la palabra "fuero" no tiene un origen uniforme ya que tantos serán los vocablos que le den vida como los autores que los citan, v.gr.; para MATEO GOLDSTEIN, deriva de la locución latina "forum". Otros autores, aseguran que aquélla deriva del griego "phoroneo". VARRON postula que tiene su origen en el vocablo "Pando" que significaba el lugar donde se verificaban los juicios, ejercitaba el pueblo sus derechos y se pronunciaban las arengas públicas (festo) y por extensión los mercados.

A la palabra "fuero" se le ha dado diversas acepciones. En los Diccionarios Jurídico y Razonado de Legislación y Jurisprudencia de JOAQUÍN SCRICHE, se le atribuyen las siguientes connotaciones:

> "Fuero.- Esta palabra ha tenido y todavía tiene acepciones muy diversas. En lo antiguo y especialmente en el lenguaje de la Edad Media, se denominaron fueros: 1* las complicaciones o códigos generales de leyes, como el fuero juzgado, el Fuero Real etc.; 2* los usos y costumbres que consagrados por una observancia general y constante llegaron a adquirir con el transcurso del tiempo la fuerza de ley no escrita; y en este sentido las cláusulas tan comunes en los documentos públicos, ir contra fuego, quebrantar el fuero, dar fueros, expresan lo mismo que introducir y autorizar usos y costumbres, o ir contra ellas o desatarlas; 3* las cartas de privilegios, o instrumentos de exenciones de gabelas, concesiones de gracias, mercedes, franquicias y libertades; y así quebrantar el fuero o ir contra fuero, conceder o confirmar fueros, no es más que otorgar solemnemente y por escrito semejantes exenciones y gracias, o pasar contra ellas; 4* las cartas pruebas o los contratos de población en que el dueño del terreno pactaba con los pobladores o colonos aquellas condiciones bajo las cuales habían de cultivarlo y disfrutarlo y que regularmente se reducían al pago de cierta contribución o al reconocimiento de vasallaje; 5* los instrumentos o escrituras de donación otorgadas por algún señor o propietario a favor de particulares, iglesias o monasterios, cediéndoles tierras, posesiones y costos, con las regalías y estableciendo, o por mejor decir, recordando las penas que el código gótico imponía a los que hiciesen daño en las propiedades o en cualquiera manera inquietasen a sus dueños: 6* las declaraciones hechas por los magistrados sobre los términos y costos de los consejos, sobre las penas y multas en que debían incurrir los que las quebrantes en y sobre los casos en que debían de tener lugar las penas del Fuero Juzgado; 7* las cartas expedidas por los reyes, o por reyes, o por los señores, en virtud de privilegio dimanado de la soberanía, en que se contienen constituciones, ordenanzas y leyes civiles y criminales, dirigidas a establecer con solidez los comunes de villas y ciudades, erigirlas en municipalidades, y asegurar en ellas un gobierno templado y justo y acomodado a la constitución pública del reino y las circunstancias de los pueblos."

"Fuero.- No sólo tiene esta palabra las acepciones que se han expresado en el artículo anterior, sino que significa además:"

"1.- El lugar del juicio, esto es, el lugar o sitio en que se hace o administra justicia."

"2.- El juicio, la jurisdicción y potestad de juzgar; en cuyo sentido se dice que tal o tal causa pertenece al fuer o eclesiástico si corresponde al juicio, a la jurisdicción o potestad eclesiástica; que pertenece al fuero secular si corresponde al juicio, a la jurisdicción o potestad secular u ordinaria y que es de mixto fuero, "mixtifori" si pertenece a entrambas jurisdicciones o potestades."

"3.- El tribunal del juez a cuya jurisdicción está sujeto el reo o demandado; bien que en este sentido se llame fuero competente."

"4.- El distrito o territorio dentro del cual puede cada juez ejercer su jurisdicción".

Por lo que respecta a la Doctrina Internacional, dentro de los autores europeos más sobresalientes, figura BIELSA,[35] quien al abordar la naturaleza procesal de dicho instituto, postuló el siguiente criterio:

"... constituye un presupuesto procesal de carácter impeditivo, del cual depende la persecución y no la iniciación del procedimiento penal; por lo que no puede calificársele como condición de promovilidad, sino más bien como condición de proseguibilidad de la acción penal; y por consiguiente, antes de que sea concedida la autorización (o desafuero), puede ser iniciada la instrucción y pueden realizarse actos de carácter probatorio y conservativo, con excepción de los procedimientos coercitivos respecto al impactado..."

A su vez, JIMÉNEZ DE ASÚA [36] sostuvo: "...complemento de la inmunidad o inviolabilidad, pero con distinta base jurídica, es el privilegio procesal de exigir mediante suplicatorio, la autorización de las Cortes, Cámaras de Diputados o Senado, para permitir el procedimiento de uno de sus miembros; es decir, el previo "desafuero" o "antejuicio" para proceder criminalmente contra él."

Autores como SEBASTIAN SOLER y ROBERTO NUÑEZ ESCALANTE coincidieron con el autor argentino, al sostener que se trata de un antejuicio, cuyo estudio corresponde tanto al Derecho Procesal como al Derecho Constitucional y que en tanto determinados servidores públicos desempeñen sus cargos, aquéllos deben sujetarse en su caso a un antejuicio, a efecto de resolver si deben ser destituidos de su cargo y privilegios para proceder penalmente en su contra.

MAGGIORE, MANZINI, FLORIAN y CARNELUTTI [37] entre otros, sostuvieron como criterio común que es menester la "autorización" para proceder penalmente, lo que constituye un acto administrativo interno, para lo cual la Asamblea decidirá si en el caso concreto merece o no la persecución criminal correspondiente.

---

[35] BIELSA, R. "Compendio de Derecho Público". Editorial De Palma. Buenos Aires, Argentina. P. 1952.
[36] JIMÉNEZ de Asúa. Tratado de Derecho Penal. Macagno Landa y Cía. Buenos Aires, Argentina. 1945
[37] MAGGIORE, Giuseppe. "Derecho Penal". Editorial Themis. Bogotá, Colombia. 1954. Tomo IV, p. 101, MANZINI, V. "Tratado de Derecho Penal". Ediar, S.A. Editores, Buenos Aires, Argentina. P. 98.

Por su parte, MANZINI [38] postuló que: "la autorización es el acto administrativo con que la autoridad competente, previa valorización de la oportunidad o utilidad de lo que se pide en orden al interés público que debe tutelar, quita el impedimento opuesto por una norma jurídica al cumplimiento de ciertos actos jurídicos o al ejercicio de una determinada actividad material."

DUGUIT [39] consideró que: "... este privilegio (fuero) se haya ampliamente justificado por la necesidad de garantizar la independencia del parlamento, de substraer a sus miembros a la especie de chantaje, de coacción moral que el Gobierno, que dispone de la acción y de la fuerza públicas, pudiera ejercer sobre ellas y a las maquinaciones de los particulares que, ejercitando el derecho de la citación directa, podrían entorpecer la acción parlamentaria, suscitando cuestiones a los diputados de quienes creyeran tener motivos para enjuiciarlos."

Dentro de la Doctrina Nacional, autores como JACINTO PALLARES [40] han dejado notar la necesidad de proteger constitucionalmente a los funcionarios a los que se les ha encomendado la gestión de los altos negocios políticos en representación de la sociedad y gobierno mexicanos, con el fin de evitar cualquier clase de ataque mendaz e injustificado por parte de sus enemigos, con lo que dicho privilegio, figura como un claro ejemplo de proteccionismo político del Gobierno Mexicano, hacia los llamados "altos funcionarios."

Así pues, se transcribe el criterio sostenido por el autor en mención: "... La necesidad de que los funcionarios a quienes están encomendados los altos negocios del Estado, no estén expuestos a las pérfidas asechanzas de sus enemigos gratuitos, al evitar que una falsa acusación sirva de pretexto para eliminar a algún alto funcionario de los negocios que le están encomendados y el impedir las repentinas acefalías de los puestos importantes en la Administración Pública, son los motivos que han determinado el establecimiento del fuero que se llama Constitucional consignado en los artículos 103 y 107 del Código fundamental (actualmente 108 al 114 de la Constitución en vigor)."

Por su parte, MARIANO CORONADO [41] concurre en la postura de JACINTO PALLARES de la siguiente manera: "... el fuero establecido en la Constitución se funda en la necesidad de garantizar a los poderes nacionales, el libre y expedito ejercicio de sus funciones, que se paralizaría con frecuencia con daño del servicio público si cualquier juez, sin trámite alguno, tuviese la facultad de los miembros de dichos poderes, mayormente cuando la pasión política o los odios de Ejecutivo, se quisiere cebar en determinado funcionario."

RAÚL F. CÁRDENAS [42] sostuvo que el fuero otorgado a ciertos funcionarios de la Administración Pública es de carácter personal exclusivamente, consistiendo este, en un privilegio en atención a la jerarquía del servidor público correspondiente:

> "El fuero personal, está formado por un conjunto de privilegios y prerrogativas que se otorgan por el poder público, en favor de una o varias personas expresamente determinadas por ello, se entienden conferidas "in tuitae personae", sin más consideración que la de la misma persona en cuyo favor se acuerda, la cual por ese solo hecho goza de las exenciones, privilegios o prerrogativas concedidas durante el tiempo que viva el titular o beneficiario de ese conjunto de ventajas que solo se extinguen por la muerte, pero en tanto

---

[38] MANZINI, V. Op. Cit. P. 115.
[39] DUGUIT, L. "Les transformations de Droit Public". Libraire Armand Colin. Paris, France. 1921.
[40] Citado por CARDENAS, F. Raúl en "Responsabilidad de los Funcionarios Públicos". Editorial Porrúa, México, D.F. p. 168.
[41] Citado por CARDENAS, F. Raúl en "Responsabilidad de los Funcionarios Públicos". Editorial Porrúa, México, D.F. p. 169.
[42] CARDENAS, F. Raúl en "Responsabilidad de los Funcionarios Públicos". Editorial Porrúa, México, D.F. p. 170.

que goce del fuero, la persona se encuentra colocada en una situación particular "sui generis", diversa de aquella en que se encuentra la generalidad de las personas que, naturalmente, carecen del beneficio del fuero personal. El sujeto titular del fuero personal, no podría estar circunscrito a la ley general y de aplicación para la generalidad de los individuos, no podría ser juzgado ni menos sentenciado por los tribunales ordinarios con jurisdicción para conocer de las controversias entre las personas carentes de privilegios, no estaría obligado al pago de determinados impuestos, etc."

Del criterio reproducido con anterioridad, tenemos que aquellos sujetos que gozan del mal llamado fuero constitucional sí pueden ser juzgados por los tribunales ordinarios (hecha excepción del Presidente de la República, por las razones expuestas con anterioridad), al estar en el supuesto de imputárseles responsabilidad penal, sin embargo, deberá satisfacerse previamente el requisito de obtener la "Declaración de Procedencia" de la Cámara de Diputados.

A este respecto, el criterio sostenido por JACINTO PALLARES [43] robustece la observación que antecede de la siguiente manera:

"... Este fuero da lugar a dos clases de procedimientos, según se trate de delitos comunes o de delitos oficiales de los funcionarios que los gozan. Tratándose de los primeros, el fuero se reduce a que no se proceda contra el delincuente, por el juez competente, sino previa declaración del Congreso de haber lugar a la formación de la causa; y esto por las consideraciones dichas. Tratándose de la segunda clase de delitos, (faltas oficiales de carácter político exclusivamente, cuyo estudio será abordado con posterioridad), el fuero consiste en que las responsabilidades oficiales sean juzgadas por jurados compuestos de los altos cuerpos de la nación (lo que da lugar al llamado juicio político)."

En cuanto a nuestro País, el "fuero personal" se le atribuye a un número reducido de servidores públicos que se encuentran precisados en el artículo 111 Constitucional y que a la letra indica:

"Artículo 111. Para proceder penalmente contra los diputados y senadores al Congreso de la Unión, los ministros de la Suprema Corte de Justicia de la Nación, los magistrados de la Sala Superior del Tribunal Electoral, los consejeros de la Judicatura Federal, los secretarios de Despacho, el Fiscal General de la República, así como el consejero Presidente y los consejeros electorales del Consejo General del Instituto Nacional Electoral, por la comisión de delitos durante el tiempo de su encargo, la Cámara de Diputados declarará por mayoría absoluta de sus miembros presentes en sesión, si ha o no lugar a proceder contra el inculpado."

Como se dejó claro si bien es cierto que nuestra Constitución Política sufrió cambios en su Título IV, referente al calificativo del "fuero" y que fue sustituido por el de la "declaración de procedencia" de la Cámara de Diputados, también lo es que la anterior Ley Reglamentaria (Ley Federal sobre las Responsabilidades de los Servidores Públicos), contemplaba dispositivos que regulaban al llamado "fuero" y "desafuero" constitucional, alteración que no modificaba en medida alguna a dichos institutos, toda vez que los efectos jurídicos-políticos tanto de la "declaración de procedencia" como del "desafuero o desaforamiento constitucional", versan sobre el mismo contenido.

---

[43] CARDENAS, F. Raúl. Op. Cit. P. 172.

Así, sólo los servidores públicos señalados en dicho precepto gozan del llamado "fuero constitucional" en atención a lo ordenado por nuestra Carta Magna, en concordancia con la antes Ley Federal de Responsabilidades de los Servidores Públicos hoy Ley General del Sistema Nacional Anticorrupción y la Ley General de Responsabilidades Administrativas, con lo que se establece como requisito "sine qua non" para la proseguibilidad de la acción penal correspondiente, la declaración de procedencia de la Cámara de Diputados.

Sin embargo, no en todos los casos deberá de seguirse el mismo procedimiento para lograr la declaración de procedencia de la Cámara de Diputados. Tal circunstancia se debe básicamente a la jerarquía de determinados servidores públicos o "altos funcionarios", como se les sigue llamando en la actualidad.

De acuerdo a lo ordenado en la fracción II del artículo 109 Constitucional, la comisión de delitos por cualquier servidor público, será perseguida y sancionada en los términos de la legislación penal. No obstante lo anterior y dadas las consideraciones hechas valer, deberá de satisfacerse el requisito de la "declaración de procedencia."

Por lo que respecta a los Diputados y Senadores al Congreso de la Unión, los Ministros de la H. Suprema Corte de Justicia de la Nación, los Magistrados de la Sala Superior del Tribunal Electoral, los Consejeros de la Judicatura Federal, los Secretarios del Despacho, el Fiscal General de la República así como el Consejero Presidente y los Consejeros Electorales del Consejo General del Instituto Federal Electoral, deberá de lograrse la "declaración de procedencia" de la Cámara de Diputados por mayoría absoluta de sus miembros, para poder estar en condiciones de que se les juzgue conforme a Derecho, en los Tribunales Penales competentes.

En dado caso que la "declaración de procedencia" fuese negada se suspenderá cualquier procedimiento posterior, pero sin representar obstáculo alguno para que se inicien las gestiones necesarias, cuando se le atribuya responsabilidad penal a cualquiera de los servidores públicos indicados, al fenecer su cargo.

El segundo lugar, lo constituyen los Gobernadores de los Estados, Diputados locales y Magistrados de los Tribunales Superiores de Justicia de los Estados. La única diferencia que caracteriza a la "declaración de procedencia", es el efecto que produce, es decir, aquél será el de comunicar a las Legislaturas de los Estados para que procedan conforme a Derecho, en ejercicio de sus funciones locales.

Por último, tenemos al Presidente de los Estados Unidos Mexicanos. Como se señaló en párrafos anteriores, el Jefe del Ejecutivo durante el tiempo de su encargo sólo puede ser acusado por traición a la patria y por delitos graves del orden común.

En tal supuesto, la Cámara de Senadores es la encargada de decretar la sanción correspondiente, a iniciativa de la Cámara baja o Cámara de Diputados, de lo que se desprende que al interpretar a contrario sensu dicho dispositivo, el Jefe del Ejecutivo al finalizar su encargo no gozará de dicho privilegio, con lo que podría instaurársele proceso penal por los delitos que no son señalados en el artículo 108 Constitucional.

Al respecto, FERNANDO CASTELLANOS TENA [44] sostiene el siguiente criterio: "... Igualmente pensamos que por delitos distintos de los señalados por la Constitución, respecto al Presidente de la República, es posible la persecución una vez terminado su encargo, por protegerse con el privilegio la función y no la persona ..."

De lo anterior, se colige que al finalizar su encargo, el Presidente de la República puede ser acusado por cualquier otro delito que no esté señalado en la propia Constitución Política, toda vez que la "inmunidad" de la que goza aquél, solo es de carácter temporal, es decir, mientras dure su encargo y cuyo fin principal es proteger sus funciones políticas como Jefe de la Nación. Como consecuencia, la condición jurídica del Primer Mandatario cambia radicalmente ya que no gozará entonces de dicho privilegio, garantizándose de este modo el Principio de Igualdad que consagra nuestra Carta Magna.

2.6. El juicio político.

De acuerdo a lo ordenado en la fracción I del artículo 109 Constitucional, el llamado "juicio político" se sigue en contra de los servidores públicos que se indican en el artículo 110 de dicho cuerpo normativo, entre los cuales figuran: Los senadores y diputados al Congreso de la Unión, los ministros de la Suprema Corte de Justicia de la Nación, los consejeros de la Judicatura Federal, los secretarios de Despacho, el Fiscal General de la República, los magistrados de Circuito y jueces de Distrito, el consejero Presidente, los consejeros electorales y el secretario ejecutivo del Instituto Nacional Electoral, los magistrados del Tribunal Electoral, los integrantes de los órganos constitucionales autónomos, los directores generales y sus equivalentes de los organismos descentralizados, empresas de participación estatal mayoritaria, sociedades y asociaciones asimiladas a estas y fideicomisos públicos.

Asimismo, los ejecutivos de las entidades federativas, Diputados locales, Magistrados de los Tribunales Superiores de Justicia Locales, en su caso, los miembros de los Consejos de las Judicaturas Locales, así como los miembros de los organismos a los que las Constituciones Locales les otorgue autonomía, solo podrán ser sujetos de juicio político por violaciones graves a la Constitución y a las leyes federales que de ella emanen, así como por el manejo indebido de fondos y recursos federales, pero en este caso la resolución será únicamente declarativa y se comunicará a las Legislaturas Locales para que en ejercicio de sus atribuciones procedan como corresponda.

Los servidores públicos indicados serán responsables con motivo de actos u omisiones que redunden en perjuicio de los intereses públicos fundamentales y de su buen despacho, según corresponda de acuerdo a lo ordenado en el artículo 109 Constitucional fracciones I y II, la Ley General del Sistema Nacional Anticorrupción y la Ley General de Responsabilidades Administrativas.

A efecto de robustecer la observación anterior, se transcriben algunas de las posturas doctrinales más importantes en la materia.

El tratadista argentino LINARES QUINTANA [45] explicó la naturaleza del juicio político, el cual se limita a resolver sobre conductas u omisiones de determinados funcionarios, de carácter esencialmente político, en atención a lo ordenado por la Constitución de cada país, de la siguiente manera: "El

---

[44] CASTELLANOS, Tena Fernando. "Lineamientos de Derecho Penal". Editorial Porrúa, México, D.F. 1990. p. 121.
[45] LINARES, Q. "Tratado de la Ciencia del Derecho Constitucional". Artes Gráficas, Bartolomé, V. Chiesmo, S.A. Buenos Aires, Argentina. 1962.

juicio político, es un procedimiento solemne, dé carácter esencialmente político, que inicia la Cámara de Diputados y por el cual ésta acusa ante el Senado como Tribunal, a determinados funcionarios públicos por las causas que se especifican taxativamente en la Constitución, con la finalidad de hacer efectiva, la responsabilidad política de los mismos..."

Asimismo, FELIPE TENA RAMÍREZ [46] sostuvo que como consecuencia de haber perdido la confianza del pueblo mexicano, los funcionarios que son sometidos al llamado "juicio político", deben ser juzgados ante un Tribunal especial de carácter político (previo desafuero o desaforamiento de dichos funcionarios) asentando que: "En el llamado juicio político, el fuero cumple su objetivo principal, como lo es el ser juzgado por un tribunal especial el titular de la prerrogativa."

JESÚS OROZCO ENRIQUEZ [47] opinó que "a través del juicio político se finca una responsabilidad política a ciertos servidores públicos de alta jerarquía (altos funcionarios) por haber cometido infracciones de carácter político (detalladas en los entonces Art. 109 Constitucional, Fr. I y Art. 7 de la Ley Federal de Responsabilidades de los Servidores Públicos) en cuyo caso se aplica una sanción eminentemente política (destitución e inhabilitación para desempeñar funciones, empleos, cargos o comisiones de cualquier naturaleza en el servicio público) por conducto de un órgano también político (por medio del juicio político ante el Congreso de la Unión)... El juicio político implica, pues el ejercicio de una función jurisdiccional llevada a cabo por un órgano político de alta jerarquía donde, si bien deben respetarse también las formalidades esenciales del procedimiento, no se confiere al órgano político como necesariamente es el Congreso la potestad para privar al respectivo servidor público de su patrimonio, de su libertad o de su vida, función esta última- que ¿exige la imparcialidad y aptitud técnica de un juez en sentido estricto a fin de evitar los excesos de la pasión política."

Finalmente, JOSÉ MARÍA DE LA MORA [48] distinguió claramente las consecuencias originadas por dos institutos totalmente ajenos. En el primero de los casos, el procedimiento a seguir por la comisión de delitos del orden común, en el que deberá de tramitarse el proceso correspondiente ante los Tribunales ordinarios. En el segundo de los supuestos, al tratarse de actos u omisiones de carácter estrictamente político (y que ya fueron señalados con anterioridad en el presente trabajo) deberán de sujetarse los servidores públicos ante el Senado de la República, para que les instruya la responsabilidad respectiva:

> "Cuando hablamos de responsabilidad, no es nuestro intento tratar de lo que se contrae por delitos comunes, tales como el robo, el asesinato y otros de su clase; los funcionarios públicos deben en estos casos responder como cualquier ciudadano ante el Tribunal Ordinario, sin otro requisito respecto a los diputados, senadores, ministros del Despacho y gobernadores de los Estados, que la previa declaración de los cuerpos legislativos o de alguna de sus Cámaras, de haber lugar a la formación de causa; más como no siempre los Congresos están en sesiones y estos delitos pueden cometerse todos los días, es necesario declarar que para este solo efecto, podrán reunirse siempre que ocurra un suceso semejante, autorizando, aun cuando no hubiera número competente, a los que se hallasen en el lugar, para que procedan a hacerlo."

---

[46] TENA, Ramírez Fernando. "Derecho Constitucional Mexicano". Editorial Porrúa. México, D.F. 1964.
[47] OROZCO, E. "Régimen Constitucional de responsabilidades de los Servidores Públicos". UNAM. 1984.
[48] DE LA MORA, J. citado por Cárdenas F. Raúl en la obra "Responsabilidad de los Funcionarios Públicos". Editorial Porrúa, p. 321-322.

"Viniendo ya la responsabilidad constitucional, ella puede prevenir, o de un verdadero delito o de una simple falta, según sea la perversidad y malicia, o de simple ineptitud, pues así lo uno como lo otro pueden causar graves males a la Nación y al Estado; son pues, dos juicios los que tienen que establecerse y dos decisiones las que deban seguirse cuando se trata de calificar la conducta de un funcionario público; en el primero, sobre su aptitud par a continuar desempeñando el puesto que ocupa y el segundo, para fallar sobre su criminalidad o inocencia; conviene, pues, distinguir estos dos actos, procediendo de un modo diverso en cada uno de ello, pues no se debe hacer lo mismo para separar a un inepto, que para castigar a un delincuente; el primer juicio es necesariamente discrecionario; el segundo debe ser ajustado a las leyes; el primero, no se le debe parar perjuicio al acusado, debe quedar en la simple separación de su puesto; el segundo, debe hacer sentir al reo todo el rigor de l apuestas en las leyes; por último, del primero debe conocer, sin atenerse, sin otras reglas, que las de las de la crítica y equidad; y el segundo, debe estar sujeto al fallo de los tributas trámites comunes."

El procedimiento a seguir en "el juicio político" no es motivo de estudio en este libro, por lo que solo se precisa con fines didácticos, que de conformidad con lo ordenado en el artículo 110 Constitucional, en cuanto a la aplicación de sanciones, la Cámara baja o de Diputados, procederá a la acusación respectiva ante Cámara de Senadores, previa declaración de la mayoría absoluta en sesión de la Cámara, para lo cual, deberán de haberse respetado y cumplido las formalidades contenidas en dicho precepto.[49]

En este capítulo, puede concluirse que cuando un servidor público de alta jerarquía (alto funcionario) cometa infracciones de carácter estrictamente político, no podrá ser sometido a las leyes comunes ante los Tribunales Ordinarios para el conocimiento de la causa penal respectiva, sino habrá que someterse a un procedimiento especial de tipo político (juicio político) ante un órgano erigido en Tribunal especial, también de carácter político.

CAPITULO 3
LOS PRESUPUESTOS, EL "CORPUS DELICTI" COMO FIGURA PROCESAL Y LOS ELEMENTOS INTEGRADORES DE LA CONCUSIÓN.

Sumario.

3.1. Los presupuestos del delito en la concusión; 3.2. El "corpus delicti" como figura procesal y los elementos del tipo penal de la concusión; 3.3. La conducta como elemento del injusto penal; 3.4. Clasificación del delito en orden a la conducta; 3.5. La coparticipación; 3.6. Clasificación de la concusión conforme al resultado; 3.7. El nexo causal en el delito de la concusión; 3.8. La tentativa en la concusión; 3.9. La ausencia de la conducta en la concusión; 3.10. La tipicidad como elemento del injusto penal; 3.11. La antijuricidad como elemento del injusto penal; 3.12. Causas excluyentes del delito por actividad o inactividad involuntarias; 3.13. La obediencia jerárquica como causa excluyente de delito; 3.14. La coparticipación o concurso de agentes en la concusión; 3.15. La imputabilidad como presupuesto y elemento de la culpabilidad; 3.16. La culpabilidad y sus elementos; la conciencia de la antijuricidad y la exigencia de otra conducta; 3.17. Causas de inculpabilidad en el instituto de la concusión; 3.18. El error de hecho e invencible como causa de inculpabilidad en la integración del instituto de la concusión; 3.19. La no exigibilidad de otra conducta, derivada de la obediencia jerárquica como causa de inculpabilidad en la concusión; 3.20. La punibilidad en la concusión; 3.21. Las excusas absolutorias o ausencia de punibilidad.

3.1. Los presupuestos del delito en la concusión.

Al abordar el estudio sobre los presupuestos del delito se debe precisar que no existe en la Doctrina del Derecho Penal un criterio uniforme de lo que debe entenderse por "presupuestos del delito", ya que las posturas aportadas por diversos tratadistas no son a la fecha aceptadas del todo en nuestro sistema legal penal, porque versan sobre consideraciones particulares de acuerdo al criterio de cada uno de los autores.

Dada la sistemática empleada para analizar la integración de los elementos del delito de la concusión y conforme al tipo penal contemplado en el Código Penal Federal vigente [50], no deben confundirse entre sí, los institutos del corpus delicti y el correspondiente al "tipo penal" ya que se tratan en el primero de los supuestos, de una figura procesal que como molde contiene a la segunda, una vez desplegada la conducta en concreto, previamente descrita en abstracto por el Legislador.

En la doctrina legada en el Derecho Penal Mexicano, figura CELESTINO PORTE PETIT CANDAUDAP [51] quien postuló como presupuestos de la conducta o del hecho (elementos de los presupuestos del delito), los siguientes:

> "Los primeros son aquellos antecedentes jurídicos, previos a la realización de la conducta o del hecho descritos en el tipo y de cuya existencia depende el titulo del delito respectivo. A su vez, los presupuestos del delito pueden ser: "generales" o "especiales", según tengan carácter común a todos los delitos, o sean propios de cada delito".

> "Como presupuestos del delito "generales" figuran: a) Un elemento jurídico; b) Preexistente o previo a la realización de la conducta o del hecho y c) Necesario para la existencia del título del delito. La ausencia de algún presupuesto del delito "general" acarrea la inexistencia de éste, mientras dicha ausencia, tratándose de un presupuesto de delito "especial", sólo se traduce en una "variación" del tipo delictivo".

---

[50] Código Penal Federal. Visible al 19 de marzo de 2019 en la página web del Instituto de Investigaciones Jurídicas de la Universidad Nacional Autónoma de México, Legislación Federal, bajo el link: www.juridicas.unam.mx
[51] PORTE, Petit Celestino. "Apuntes de la Parte General del Derecho Penal". Editorial Porrúa, México, D.F. 1996, p. 150

En ese orden de ideas señaló FRANCISCO PAVÓN VASCONCELOS [52] que: "... la conducta o el hecho no regulado en una norma penal (ausencia del presupuesto general) no integra delito alguno, lo que cabe afirmar igualmente con relación al resto de los presupuestos generales. Si en el parricidio no concurre la relación de parentesco (presupuesto especial), el hecho de privar de la vida a un semejante sigue siendo delito (homicidio), pero la inexistencia del presupuesto produce la variación del tipo."

A manera de conclusión, PORTE PETIT [53] postuló como definición de los presupuestos de la conducta o del hecho que: "...son los antecedentes previos, jurídicos o materiales, necesarios la existencia de la conducta o hecho constitutivos del delito, pudiendo ser de carácter "jurídico o materiales".

De dichas consideraciones doctrinales resulta que los presupuestos "jurídicos" son las normas de Derecho y otros actos de naturaleza jurídica, de los que la norma incriminadora presupone la preexistencia para la integración del delito, mientras los presupuestos "materiales" son las condiciones reales preexistentes en las cuales debe iniciarse y cumplirse la ejecución del hecho.

Así, la ausencia de un presupuesto de la conducta o del hecho implica la "imposibilidad de la realización de la conducta o del hecho descritos en el tipo. Como requisitos de dichos presupuestos figuran: a) Un elemento jurídico o material; b) Previo a la realización de la conducta o del hecho y c) Necesario para la existencia de la conducta o del hecho descrito por el tipo."

De acuerdo a la Doctrina Penal Mexicana debe precisarse si el delito de la concusión reviste presupuesto alguno y si éste se encuentra en el "tipo penal" correspondiente. Con tal propósito, se transcribe a continuación el texto del artículo 218 del Código Penal Federal vigente [54] que a la letra indica:

> "Artículo 218.- Comete el delito de concusión: el servidor público que con el carácter de tal y a título de impuesto o contribución, recargo, renta, rédito, salario o emolumento, exija, por sí o por medio de otro, dinero, valores, servicios o cualquiera otra cosa que sepa no ser debida, o en mayor cantidad que la señalada por la Ley."

> "Al que cometa el delito de concusión se le impondrán las siguientes sanciones:"

> "Cuando la cantidad o el valor de lo exigido indebidamente no exceda del equivalente de quinientos días de Unidades de Medida y Actualización en el momento de cometerse el delito, o no sea valuable, se impondrán de tres meses a dos años de prisión y de treinta a cien días multa."

> "Cuando la cantidad o el valor de lo exigido indebidamente exceda de quinientos días de Unidades de Medida y Actualización en el momento de cometerse el delito, se impondrán de dos años a doce años de prisión y multa de cien a ciento cincuenta días multa."

---

[52] PAVON, Vasconcelos Francisco. Manual de Derecho Penal Mexicano. Editorial Porrúa, 1987. P. 180.
[53] PORTE, Petit Celestino. Op. Cit. P. 136.
[54] Código Penal Federal, visible al 11 de marzo de 2019 en la página web de la Cámara de Diputados, Congreso de la Unión, en el link: www.diputados.gob.mx

Para establecer cuáles son los "presupuestos del delito" en la concusión, deberá de determinarse si es requerido algún elemento material o jurídico para la existencia del "delito" correspondiente, es decir, alguna condición legal o de hecho necesaria para darle vida a la concusión, en la definición en abstracto contenida en el precepto, es decir, del "tipo penal".

De la simple lectura que se efectúe sobre el "tipo penal" se desprende que existen dos presupuestos de carácter jurídico, sin los cuales no puede darse la concusión, dependiendo si se trata de una concusión dolosa o simple o bien, tácita o implícita, esto es, el primer presupuesto, referente a la relación Estado —(a través de la autoridad fiscal)— contribuyente, para el pago de impuestos, entendidos estos en su acepción más general y el segundo presupuesto, que versa sobre la calidad de "servidor público", la cual debe estar previamente conferida a aquel a través de un cuerpo normativo, es decir, debe ser de carácter oficial.

El segundo presupuesto normativo opera tanto en la concusión simple o dolosa como en la implícita o tácita mientras que la relación Fisco-contribuyente como presupuesto jurídico del delito, no se presenta cuando el servidor público formula la exigencia ilegal a título de salario o emolumento, es decir, conceptos no de naturaleza fiscal como los vocablos de: impuesto o contribución, recargo, renta o rédito.

Al respecto, se reproduce la jurisprudencia sustentada por la H. Suprema Corte de Justicia de la Nación que si bien es cierto, aborda la excluyente de responsabilidad penal de la "obediencia jerárquica", que ya fue derogada del Código Penal Federal, también lo es que resulta útil para fines ilustrativos ya que toca la existencia de un cargo legalmente reconocido de la siguiente manera:

> "OBEDIENCIA A UN SUPERIOR LEGITIMO, EXCLUYENTE DE. Cuando el cumplimiento de la orden del superior legitimo implique la ejecución de actos que en forma notoria constituye delito, la obediencia del inferior jerárquico no exime a éste de responsabilidad penal, en razón de que aquella solo constituye la causa de justificación prevista en la Ley, como excluyente de responsabilidad, CUANDO LA DEPENDENCIA JERÁRQUICA ENTRE EL SUPERIOR QUE MANDA Y EL INFERIOR QUE OBEDECE SEA DE CARACTER OFICIAL "

> "Quinta Época: Suplemento de 1956, pág. 247. A.D. 3616/50. Pablo Zambrano García. Unanimidad da cuatro votos.

> "Suplemento de 1959, pág. 247. A.D. 2874/50. Feliciano Macis Pérez. Unanimidad de cuatro votos."
> Tomo CXXIV, pág. 894. A.D. 4252/53.
> Tomo CXXV. pág. 915. A.D. 2494/54.
> Sexta época, segunda parte: vol. VI, pág. 45. A.D. 4790/50. Román Vázquez Flores. Unanimidad de cuatro votos.
> Apéndice de Jurisprudencia de 1917 a 1965. Tesis 193, pág. 385, Sección Primera, Vol. Penal, la. Sala."

Asimismo, nuestro más alto Tribunal de Justicia sustentó el siguiente criterio:

"El historial de la fracción VII del artículo 15 del Código Penal para el Distrito y Territorio Federales indica que solo es aplicable a casos en que tanto el que ordena como el que obedece tienen un cargo oficial, esto es, integran el poder público; prueba de ello es que cuando se discutía tal disposición, los partidarios de la obediencia ciega veían el peligro de que la ley penal quedase al arbitrio de las autoridades gubernativas, en tanto que los partidarios de la resistencia del inferior atendían al peligro de que se destruyeran las jerarquías, imposibilitando así el ejercicio del poder público. Por esto, no concurre esta causa de justificación cuando un recluso, obedeciendo a otro recluso, comete un delito, porque ninguno de ellos está investido de autoridad".
"Boletín de Información Judicial, tomo IX, págs. 555-556."

Para concluir en el presente punto, en la concusión existen dos "presupuestos del delito" de naturaleza jurídica, esto es, la calidad de "servidor público" toda vez que se trata de una conducta que debe ser efectuada exclusivamente por personas a las que se les ha atribuido tal distintivo conforme a la ley y el segundo, que versa sobre la relación fisco-contribuyente por la obligación constitucional a los gobernados de pagar impuestos en sentido amplio.

3.2. El "corpus delicti" como figura procesal y los elementos integradores del tipo penal de la concusión.

Dada la sistemática empleada para analizar la integración de los elementos del delito de la concusión, se sostuvo que no deben confundirse entre sí los vocablos corpus delicti y "tipo penal". Consecuentemente, solo con fines de precisión histórica en la dogmática penal debe puntualizarse tal y como lo clarifica el profesor DR. EUGENIO RAÚL ZAFFARONI, que los institutos del "corpus delicti" y el correspondiente al "tipo penal" tuvieron su nacimiento histórico en un vocablo alemán conocido doctrinalmente como Tatbestand que en su traducción aproximada debe entenderse como "supuesto de hecho", pero que admitió dos acepciones, esto es, en primer lugar como "supuesto de hecho fáctico", lo perceptible en el mundo real y que es percibido por nuestros sentidos. También dicho vocablo germano tuvo significado en la dogmática como un "supuesto de hecho legal", refiriéndose a la descripción abstracta en ley.

Dada la influencia del Derecho Penal extranjero en nuestro país por las traducciones o interpretaciones efectuadas al idioma español sobre dicho vocablo alemán, se entendió al Tatbestand como "modelo o tipo". Actualmente, al referirnos al primero de los vocablos -el "corpus criminis"- este debe entenderse como una figura procesal que como molde contiene a la segunda – al tipo penal-, una vez desplegada la conducta en concreto en el mundo real previamente descrita en abstracto —el tipo penal- por el Legislador.

Así, el instituto del "corpus delicti" ha sido a nivel doctrinal fundamental en el Derecho Penal Mexicano ya que en dicha figura adjetiva, a pesar de las reformas constitucionales y procesales que han sufrido nuestros cuerpos normativos, ha descansado por muchos años el derecho del Estado para la persecución de hechos –hoy vinculación de hechos- que pudiesen constituir delito una vez desplegada que sea una conducta en concreto, con lo que no es suficiente que en el "tipo penal" el Legislador describa en abstracto una conducta, sino que es menester que dicha conducta se refleje en el mundo objetivo, material, perceptible a nuestros sentidos, es decir, que el sujeto activo efectúe físicamente y de manera íntegra la descripción en abstracto contenida en el tipo, pues constituye un elemento de facto que debe ser contenido en una figura procesal, para su procesamiento y como consecuencia, para el proceso en su conjunto.

No obstante diferir ambos institutos en su enunciación, permiten analizar el mismo contenido, sólo que en planos y momentos distintos, lo cual a continuación se explica.

En la Doctrina, el instituto del "corpus delicti" ha sido abordado por diversos tratadistas de la siguiente manera:

ARILLA BAS [55] sostuvo que: "... el cuerpo del delito está constituido a nuestro juicio, por la realización histórica especial y temporal de los elementos contenidos en la figura que describe el delito."

COLÍN SÁNCHEZ [56] apuntó que: "... el cuerpo del delito es de cuando hay tipicidad, según el contenido de cada tipo; de tal manera que el cuerpo del delito corresponderá según el caso: a lo objetivo; a lo subjetivo y normativo; a lo objetivo, normativo y subjetivo; o bien a lo objetivo y subjetivo..." "...se puede afirmar que el cuerpo del delito corresponde en la mayoría de los casos a lo que generalmente se admite como tipo y en casos menos generales, a lo que corresponde como figura delictiva, o sea: el total delito (robo, abuso de confianza, fraude, allanamiento de morada, etc.)"

En el Derecho Penal Mexicano imperó doctrinalmente la postura referente a considerar al instituto del "corpus delicti", como el conjunto de elementos materiales contenidos en la descripción en abstracto hecha por el Legislador, la cual, estaba contenida en el tipo penal. Dentro de los autores más destacados que postularon tal criterio, figuran los siguientes:

JULIO ACERO [57] propuso que: "... el cuerpo del delito es el conjunto de los elementos materiales que forman parte de toda, infracción o si se quiere insistir en identificarlo con ella, aclaremos cuando menos que es el delito mismo pero considerado en su aspecto meramente material de hecho violatorio, de acto u omisión previstos por la ley; prescindiendo de los elementos morales (intención dolosa, descuido del agente o lo que sea) que hayan ocurrido en tal acto y que son parte también de la infracción pero solapara constituir la responsabilidad, no el cuerpo del delito..."

GONZÁLEZ BUSTAMANTE [58] sostuvo que: "... el cuerpo del delito en el procedimiento penal, está constituido por el conjunto de elementos físicos, materiales, que se contienen en la definición. Esta idea es la más precisa y completa que hemos conocido y nos permite distinguir el cuerpo del delito, del delito mismo..." "Cuerpo del delito es, en consecuencia, todo fenómeno en que interviene el ilícito penal, que se produce en el mundo de relación y que puede ser apreciado sensorialmente."

Por su parte GONZÁLEZ BLANCO [59] opinó que: "Por cuerpo del delito debe entenderse al resultado de los daños causados por el comportamiento corporal del inculpado, es decir, a los elementos materiales u objetivos que integran en cada caso el tipo descrito por la ley penal, con abstracción de aquellos que puedan catalogarse como subjetivos, como son el engaño y el lucro indebido en el fraude por ejemplo, porque éstos se refieren al problema de la culpabilidad."

---

[55] ARILLA, Bas. "El Procedimiento Penal". Editorial Jurídica. México, D.F. 1970. P. 82.
[56] COLIN, Sánchez. "Derecho Mexicano de Procedimientos Penales". Editorial Porrúa. México, D.F. 1989. P. 129.
[57] ACERO, Julio. "Procedimiento Penal". Editorial José María Cajica. 1968. P. 25.
[58] BUSTAMANTE, J. J. "Principios de Derecho Procesal Penal". P. 159-160.
[59] GONZÁLEZ, Blanco. El Procedimiento Penal Mexicano. Editorial Porrúa. México, D.F. p. 103.

Actualmente, el artículo 19 Constitucional establece los requisitos de fondo y forma que debe satisfacer todo auto de vinculación a proceso –se aclara anticipadamente que con la implementación del Nuevo Sistema de Justicia Penal, para dicho momento del procedimiento penal ya no se incluye al cuerpo del delito o "corpus delicti"-, pues la ausencia de cualquiera de ellos, hará inconstitucional el auto de que se trate. El texto del precepto mencionado, es el siguiente:

> "ARTICULO 19.- Ninguna detención ante autoridad judicial podrá exceder del plazo de setenta y dos horas, a partir de que el indiciado sea puesto a su disposición, sin que se justifique con un auto de vinculación a proceso en el que se expresará: el delito que se impute al acusado; el lugar, tiempo y circunstancias de ejecución, así como los datos que establezcan que se ha cometido un hecho que la ley señale como delito y que exista la probabilidad de que el indiciado lo cometió o participó en su comisión."

Dicho en otras palabras, es necesario que: 1) Existan datos que establezcan que se ha cometido un hecho, 2) La ley señale como delito a ese hecho y 3) Exista la probabilidad de que el indiciado lo cometió o participó en su comisión; sin que resulten aplicables los supuestos señalados para la prisión preventiva oficiosa en los artículos 165 y 167 del Código Nacional de Procedimientos Penales.

Por su parte, la H. Suprema Corte de Justicia de la Nación y los Tribunales Colegiados de Circuito han pronunciado respectivamente, los siguientes criterios y con los datos de identificación que a continuación se precisan:

> "Época: Décima Época, Registro: 2014800, Instancia: Primera Sala, Tipo de Tesis: Jurisprudencia, Fuente: Gaceta del Semanario Judicial de la Federación, Libro 45, Agosto de 2017, Tomo I, Materia(s): Penal, Tesis: 1a./J. 35/2017 (10a.), Página: 360"
>
> "AUTO DE VINCULACIÓN A PROCESO. PARA SATISFACER EL REQUISITO RELATIVO A QUE LA LEY SEÑALE EL HECHO IMPUTADO COMO DELITO, BASTA CON QUE EL JUEZ ENCUADRE LA CONDUCTA A LA NORMA PENAL, DE MANERA QUE PERMITA IDENTIFICAR LAS RAZONES QUE LO LLEVAN A DETERMINAR EL TIPO PENAL APLICABLE (NUEVO SISTEMA DE JUSTICIA PENAL)."
>
> "Del artículo 19, párrafo primero, de la Constitución Federal, reformado mediante Decreto publicado en el Diario Oficial de la Federación, el 18 de junio de 2008, se desprende que para dictar un auto de vinculación a proceso es necesario colmar determinados requisitos de forma y fondo. En cuanto a estos últimos es necesario que: 1) existan datos que establezcan que se ha cometido un hecho, 2) la ley señale como delito a ese hecho y 3) exista la probabilidad de que el indiciado lo cometió o participó en su comisión. Ahora, el texto constitucional contiene los lineamientos que marcan la transición de un sistema de justicia penal mixto hacia otro de corte acusatorio, adversarial y oral, como lo revela la sustitución, en los requisitos aludidos, de las expresiones "comprobar" por "establecer" y "cuerpo del delito" por "hecho que la ley señala como delito", las cuales denotan un cambio de paradigma en la forma de administrar justicia en materia penal, pues acorde con las razones que el propio Poder Constituyente registró en el proceso legislativo, con la segunda expresión ya no se requiere de "pruebas" ni se exige "comprobar" que ocurrió un hecho ilícito, con lo cual se evita que en el plazo constitucional se adelante el juicio, esto es, ya no es permisible que en la etapa preliminar de la investigación se configuren pruebas por el

Ministerio Público, por sí y ante sí -como sucede en el sistema mixto-, con lo cual se elimina el procedimiento unilateral de obtención de elementos probatorios y, consecuentemente, se fortalece el juicio, única etapa procesal en la que, con igualdad de condiciones, se realiza la producción probatoria de las partes y se demuestran los hechos objeto del proceso. De ahí que con la segunda expresión la norma constitucional ya no exija que el objeto de prueba recaiga sobre el denominado "cuerpo del delito", entendido como la acreditación de los elementos objetivos, normativos y/o subjetivos de la descripción típica del delito correspondiente, dado que ese ejercicio, identificado como juicio de tipicidad, sólo es exigible para el dictado de una sentencia, pues es en esa etapa donde el juez decide si el delito quedó o no acreditado. En ese sentido, para dictar un auto de vinculación a proceso y establecer que se ha cometido un hecho que la ley señala como delito, basta con que el juez encuadre la conducta a la norma penal, que permita identificar, independientemente de la metodología que adopte, el tipo penal aplicable. Este nivel de exigencia es acorde con los efectos que genera dicha resolución, los cuales se traducen en la continuación de la investigación, en su fase judicializada, es decir, a partir de la cual interviene el juez para controlar las actuaciones que pudieran derivar en la afectación de un derecho fundamental. Además, a diferencia del sistema tradicional, su emisión no condiciona la clasificación jurídica del delito, porque este elemento será determinado en el escrito de acusación, a partir de toda la información que derive de la investigación, no sólo de la fase inicial, sino también de la complementaria, ni equivale a un adelanto del juicio, porque los antecedentes de investigación y elementos de convicción que sirvieron para fundarlo, por regla general, no deben considerarse para el dictado de la sentencia, salvo las excepciones establecidas en la ley."

"Contradicción de tesis 87/2016. Suscitada entre el Primer Tribunal Colegiado en Materias Penal y Administrativa del Décimo Séptimo Circuito y el Tercer Tribunal Colegiado del Vigésimo Séptimo Circuito. 1 de febrero de 2017. La votación se dividió en dos partes: mayoría de cuatro votos por la competencia. Disidente: José Ramón Cossío Díaz. Unanimidad de cinco votos en cuanto al fondo de los Ministros Arturo Zaldívar Lelo de Larrea, José Ramón Cossío Díaz, Jorge Mario Pardo Rebolledo, Alfredo Gutiérrez Ortiz Mena, quien reservó su derecho para formular voto concurrente y Norma Lucía Piña Hernández, quien reservó su derecho para formular voto concurrente. Ponente: José Ramón Cossío Díaz. Secretarios: Gabino González Santos y Horacio Vite Torres."

"Tesis y/o criterios contendientes:"

"El Primer Tribunal Colegiado en Materias Penal y Administrativa del Décimo Séptimo Circuito, al resolver los amparos en revisión 724/2012, 811/2012, 6/2013, 423/2013 y 440/2013, sostuvo la jurisprudencia XVII.1o.P.A. J/2 (10a.), de título y subtítulo: "AUTO DE VINCULACIÓN A PROCESO. EN SU DICTADO LA ACREDITACIÓN DEL REQUISITO 'HECHO ILÍCITO' DEBE LIMITARSE AL ESTUDIO CONCEPTUAL (NUEVO SISTEMA DE JUSTICIA PENAL EN EL ESTADO DE CHIHUAHUA).", publicada en el Semanario Judicial de la Federación y su Gaceta, Décima Época, Libro XXVI, Tomo 1, noviembre de 2013, página 757, registro digital: 2004857; y al resolver los amparos en revisión 22/2010, 110/2010, 147/2010, 267/2010 y 282/2010, sostuvo la tesis jurisprudencial XVII.1o.P.A. J/25 (9a.), de rubro: "AUTO DE VINCULACIÓN A PROCESO. EN SU DICTADO NO ES NECESARIO ACREDITAR EL CUERPO DEL DELITO (ELEMENTOS OBJETIVOS, NORMATIVOS Y SUBJETIVOS) Y JUSTIFICAR LA PROBABLE RESPONSABILIDAD DEL INCULPADO, SINO QUE SÓLO DEBE ATENDERSE AL HECHO ILÍCITO Y

A LA PROBABILIDAD DE QUE EL INDICIADO LO COMETIÓ O PARTICIPÓ EN SU COMISIÓN (NUEVO SISTEMA DE JUSTICIA PENAL EN EL ESTADO DE CHIHUAHUA).", publicada en el Semanario Judicial de la Federación y su Gaceta, Décima Época, Libro V, Tomo 3, febrero de 2012, página 1942, registro digital: 160330."

"El Tercer Tribunal Colegiado del Vigésimo Séptimo Circuito, al resolver el amparo en revisión 175/2015, sostuvo que para dictar un auto de vinculación a proceso es necesario que el Juez de Control conozca cuál es el delito materia de la imputación, lo que implica que efectúe un análisis de los elementos de la descripción típica del hecho punible correspondiente, esto es, sus componentes objetivos, normativos y subjetivos específicos previstos en la ley, que le permitan calificar si los hechos que el ministerio público imputa al acusado son o no constitutivos del delito."

"Tesis de jurisprudencia 35/2017 (10a.). Aprobada por la Primera Sala de este Alto Tribunal, en sesión de cinco de abril de dos mil diecisiete."

"Nota: De la sentencia que recayó al amparo en revisión 175/2015, resuelto por el Tercer Tribunal Colegiado del Vigésimo Séptimo Circuito, derivaron las tesis aisladas XXVII.3o.21 P (10a.) y XXVII.3o.20 P (10a.), de títulos y subtítulos: "PRISIÓN PREVENTIVA IMPUESTA EN LA AUDIENCIA INICIAL DEL SISTEMA PENAL ACUSATORIO Y ORAL. EL AMPARO PROMOVIDO EN SU CONTRA ES IMPROCEDENTE CUANDO SE AGOTA LA VIGENCIA DE DICHA MEDIDA CAUTELAR POR EL SOLO TRANSCURSO DEL TIEMPO." y "AUTO DE VINCULACIÓN A PROCESO. PARA QUE EL JUEZ DE CONTROL PUEDA DETERMINAR SI EL HECHO IMPUTADO POR EL MINISTERIO PÚBLICO AL ACUSADO ES O NO CONSTITUTIVO DE DELITO, DEBE ANALIZAR LOS ELEMENTOS DE LA DESCRIPCIÓN TÍPICA DEL ILÍCITO CORRESPONDIENTE, ESTO ES, SUS ELEMENTOS OBJETIVOS, NORMATIVOS Y SUBJETIVOS.", publicadas en el Semanario Judicial de la Federación del viernes 22 de enero de 2016 a las 11:30 horas y del viernes 19 de febrero de 2016 a las 10:15 horas, así como en la Gaceta del Semanario Judicial de la Federación, Décima Época, Libros 26, Tomo IV, enero de 2016, página 3389 y 27, Tomo III, febrero de 2016, página 2025, respectivamente."

"Esta tesis se publicó el viernes 04 de agosto de 2017 a las 10:12 horas en el Semanario Judicial de la Federación y, por ende, se considera de aplicación obligatoria a partir del lunes 07 de agosto de 2017, para los efectos previstos en el punto séptimo del Acuerdo General Plenario 19/2013."

"2013695. XV.3o.6 P (10a.). Tribunales Colegiados de Circuito." "Décima Época. Gaceta del Semanario Judicial de la Federación. Libro 39, Febrero de 2017, Pág. 2167."

"AUTO DE VINCULACIÓN A PROCESO. ESTÁNDAR PARA SU DICTADO EN EL SISTEMA PROCESAL PENAL ACUSATORIO Y ORAL. Para dictar un auto de vinculación a proceso en el sistema procesal penal acusatorio y oral, solo es necesario analizar si existe el hecho considerado por la ley como delito y determinar si los datos de prueba hacen probable la responsabilidad del gobernado en su comisión, el que atendiendo a la significación que recoge tanto elementos normativos como doctrinales mayormente enfocados al causalismo, excluye un análisis de todos y cada uno de los elementos del tipo penal, dado que lo relevante para el dictado de ese acto procesal no es explicar el fenómeno delictivo en su completitud, sino la constatación de un resultado, lesión o puesta en peligro prohibido por la norma penal, ya que incluso el encuadramiento legal que se propone al solicitar la emisión del auto de vinculación puede variar hasta el alegato de clausura en la etapa de juicio oral. Por ende, el estándar que debe existir para la vinculación a proceso no es el de realizar un análisis exhaustivo de los elementos del delito (conducta, tipicidad, antijuridicidad y culpabilidad), sino que debe partirse de la normalización del procedimiento de investigación judicializada privilegiando su apertura, pues la finalidad del proceso penal es el esclarecimiento de los hechos, proteger al inocente y procurar que el culpable no quede impune, para asegurar el acceso a la justicia en la aplicación del derecho y resolver el conflicto que surja con motivo de la comisión del delito, en un marco de respeto a los derechos humanos reconocidos en la Constitución Política de los Estados Unidos Mexicanos y en los tratados internacionales de los que el Estado Mexicano sea Parte, lo cual se logra dando cabida a una verdadera investigación, donde los indicios den cuenta aproximada de la transformación del mundo con motivo de la conducta desplegada por el ser humano para verificar si existe un desvalor de la norma prohibitiva. Sin embargo, cuando se advierta una causa de exclusión del delito, el Juez debe declararla de oficio, porque en cualquier fase del procedimiento penal debe verificarse si se actualizan, tal como lo prevé el artículo 17 del Código Penal Federal, al disponer que las causas de exclusión del delito se investigarán y resolverán de oficio o a petición de parte, en cualquier estado del procedimiento; mientras que si es alegada por la defensa, para su verificación, es necesario atender a que se impone al procesado la carga probatoria respecto a la causa de exclusión del delito que se haga valer, por implicar una afirmación que corresponde probar a quien la sostiene patente y plenamente."

"TERCER TRIBUNAL COLEGIADO DEL DÉCIMO QUINTO CIRCUITO."

"Amparo en revisión 305/2016. 8 de diciembre de 2016. Unanimidad de votos. Ponente: Gerardo Manuel Villar Castillo. Secretario: Juan Manuel García Arreguín."

2012685. XVII.1o.P.A.30 P (10a.). Tribunales Colegiados de Circuito. Décima Época. Gaceta del Semanario Judicial de la Federación. Libro 34, Septiembre de 2016, Pág. 2741."

"HECHO QUE LA LEY SEÑALE COMO DELITO". EVOLUCIÓN DE ESTE CONCEPTO ESTABLECIDO EN LOS ARTÍCULOS 16 Y 19 DE LA CONSTITUCIÓN FEDERAL (NUEVO SISTEMA DE JUSTICIA PENAL EN EL ESTADO DE CHIHUAHUA). Este Tribunal Colegiado de Circuito en las jurisprudencias XVII.1o.P.A. J/25 (9a.) y XVII.1o.P.A. J/2 (10a.), determinó lo que se ha entendido como "hecho que la ley señale como delito". En la primera, se estableció que el tratamiento metódico del llamado auto de vinculación a proceso, con el objeto de verificar si cumple con los lineamientos de la nueva redacción del artículo 19 de la Constitución Federal, no es necesario acreditar los elementos objetivos, normativos y subjetivos, en el caso de que así los describa el tipo penal, es decir, el denominado cuerpo del delito, sino que, para no ir más allá de la directriz constitucional, solo deben atenderse el hecho o los hechos ilícitos y la probabilidad de que el indiciado los cometió o participó en su comisión. Mientras que en una de las ejecutorias que le dieron origen se hizo alusión a que para el dictado del mencionado auto sólo debían acreditarse el elemento objetivo del tipo (núcleo) y la probabilidad de que el imputado lo cometió o participó en su comisión, pero no los demás elementos ni la probable responsabilidad. Lo anterior, bajo el nuevo estándar en el sistema acusatorio oral penal, es decir, que la referencia al hecho ilícito es la relativa al núcleo del tipo. En otro de sus precedentes se puntualizó que para el dictado de dicho auto basta que se indiquen simplemente los hechos ilícitos, núcleos de los tipos penales, así como el lugar y tiempo de su comisión, esto es, donde y cuaando ocurrieron para que se vean colmados los extremos contenidos en el referido artículo 19 constitucional, reproducidos en el numeral 280 del Código de Procedimientos Penales del Estado de Chihuahua. Que en el tratamiento metódico del auto de vinculación a proceso, con el objeto de verificar si cumple con los lineamientos de la nueva redacción del propio artículo 19 constitucional, es innecesario analizar los elementos normativos y subjetivos, si es el caso que estos los describa el tipo penal, es decir, el denominado cuerpo del delito, sino, para no ir más allá de la directriz constitucional, sólo el hecho o hechos ilícitos y la probabilidad de que el indiciado los cometió o participó en su comisión, como se apuntó con antelación, es decir, sólo deben analizarse los elementos objetivos (núcleo) relativos al hecho integrante del delito y respecto a los elementos subjetivos, su estudio debe ser en el grado de probable. Y que es innecesario que el Juez de garantía analice todos los elementos constitutivos del tipo del delito imputado, ni las calificativas; sin embargo, si lo hace, no irroga perjuicio al imputado-quejoso, pues el sobreabundar en los citados conceptos, favorece la defensa, ya que desde ese momento procesal, tiene la certeza de lo que, en un momento posterior, va a integrar el contenido de la acusación, la que conforme a los artículos 287 y 294 del código mencionado, tiene lugar hasta el cierre de la investigación. Por su parte, en la segunda jurisprudencia se estableció que, atento al citado artículo 280 del propio código, por hecho ilícito no debe entenderse el anticipo de la tipicidad en esta etapa (acreditar los elementos objetivos, subjetivos y normativos del tipo) con la ya de por sí reducción del estándar probatorio, sino que su actualización debe limitarse al estudio conceptual [acreditar los elementos esenciales y comunes del concepto (núcleo), desde la lógica formal], esto, a fin de evitar una anticipación a la etapa de juicio sobre el estudio técnico-procesal de los elementos del tipo, no con pruebas, sino con datos; pues en esta fase inicial debe evitarse la formalización de los medios de prueba para no "contaminar" o anticipar juicio sobre el delito y su autor, y el Juez de Garantía debe, por lo común, resolver sólo con datos. Ahora bien, actualmente la actividad jurisdiccional lleva a clarificar de nuevo el concepto de "hecho que la ley señale como delito". Así, tenemos que la tipicidad es la correspondencia entre el hecho ocurrido en la realidad y el hecho descrito en el tipo. Decimos que es un hecho típico cuando se adecua perfectamente al tipo penal. La tipicidad es la necesidad de que los delitos se especifiquen o determinen legislativamente, en tipos. Por otra parte, el tipo penal es la descripción legal de un hecho o conducta prohibida por la norma y a la cual se le asigna una pena. Se entiende como la abstracción formulada por el legislador, que reúne en un concepto los elementos esenciales de un hecho delictivo determinado. En otras palabras, el tipo está constituido por la descripción del hecho contrario a la norma que sanciona la ley penal. Se habla de hecho y no de "conducta", porque algunos de los elementos de los tipos penales no refieren directamente al obrar del agente, sino a circunstancias externas a él, y que no dependen de su voluntad. Es una característica específica del delito, porque para que éste se configure, debe haber tipicidad; si no la hay, no hay delito. Esto es por imperio del principio de legalidad, ya que si se trata de una conducta no tipificada, es lícita, y los individuos pueden actuar libremente en el campo de lo no prohibido. En conclusión, el requisito exigido por los artículos 16 y 19 constitucionales (hecho que la ley señale como delito) no debe identificarse con los elementos del tipo, sino esencialmente con el núcleo, pues aun cuando en ocasiones por constituirse éste por un verbo "subjetivo" se dificulte su comprensión, no deben exigirse mayores requisitos a la directriz constitucional, lo cual remitiría al sistema mixto que se está tratando de superar con la implementación del sistema procesal penal acusatorio y oral."

"PRIMER TRIBUNAL COLEGIADO EN MATERIAS PENAL Y ADMINISTRATIVA DEL DÉCIMO SÉPTIMO CIRCUITO."

"Amparo en revisión 294/2015. 15 de enero de 2016. Mayoría de votos. Disidente: Marta Olivia Tello Acuña. Ponente: Jorge Luis Olivares López, secretario de tribunal autorizado para desempeñar las funciones de Magistrado, con apoyo en el artículo 81, fracción XXII, de la Ley Orgánica del Poder Judicial de la Federación, en relación con el artículo 40, fracción V, del Acuerdo General del Pleno del Consejo de la Judicatura Federal, por el que se expide el similar que reglamenta la organización y funcionamiento del propio Consejo; y reforma y deroga diversas disposiciones de otros acuerdos generales. Secretaria: Martha Cecilia Zúñiga Rosas."

"Amparo en revisión 113/2016. 30 de junio de 2016. Mayoría de votos. Disidente: Marta Olivia Tello Acuña. Ponente: José Martín Hernández Simental. Secretaria: Rosalba Salazar Luján.
Nota: Las tesis de jurisprudencia XVII.1o.P.A. J/25 (9a.) y XVII.1o.P.A. J/2 (10a.) citadas, aparecen publicadas en el Semanario Judicial de la Federación y su Gaceta, Décima Época, Libro V, Tomo 3, febrero de 2012, página 1942, con el rubro: "AUTO DE VINCULACIÓN A PROCESO. EN SU DICTADO NO ES NECESARIO ACREDITAR EL CUERPO DEL DELITO (ELEMENTOS OBJETIVOS, NORMATIVOS Y SUBJETIVOS) Y JUSTIFICAR LA PROBABLE RESPONSABILIDAD DEL INCULPADO, SINO QUE SÓLO DEBE ATENDERSE AL HECHO ILÍCITO Y A LA PROBABILIDAD DE QUE EL INDICIADO LO COMETIÓ O PARTICIPÓ EN SU COMISIÓN (NUEVO SISTEMA DE JUSTICIA PENAL EN EL ESTADO DE CHIHUAHUA)." y Libro XXVI, Tomo 1, noviembre de 2013, página 757, con el título y subtítulo: "AUTO DE VINCULACIÓN A PROCESO. EN SU DICTADO LA ACREDITACIÓN DEL REQUISITO 'HECHO ILÍCITO' DEBE LIMITARSE AL ESTUDIO CONCEPTUAL (NUEVO SISTEMA DE JUSTICIA PENAL EN EL ESTADO DE CHIHUAHUA).", respectivamente."

De los criterios transcritos puede desprenderse que el "corpus delicti" o cuerpo del delito subsiste doctrinalmente ya que refleja la materialidad procesal de la conducta reprimida por el Derecho Penal —y que actualmente en el nuevo Sistema de Justicia Penal debe ser abordada e integrada en otro momento del procedimiento penal, que es en la etapa de juicio- mientras que el tipo penal, significa la descripción efectuada en abstracto por el Legislador, en la especie, en el artículo 218 del Código Penal Federal.

El tipo delictivo y el "corpus criminis" están necesariamente relacionados, pues el primero se refiere a la descripción de la conducta contenida en ley previamente y el segundo como figura procesal, a la materialización de tal conducta de acuerdo a dicha descripción. Por tanto, para que puedan darse materialmente un hecho relevante para el Derecho Penal, es menester que previamente exista el tipo delictivo correspondiente.

Por esa razón, en la comprobación del cuerpo del delito es indispensable determinar si la conducta o hecho analizado se adecúa a la hipótesis prevista en la norma penal que establece el tipo, para tal efecto es necesario comparar dicha conducta o hecho con la figura típica creada por el Legislador, examinando cada uno de sus elementos integradores como una unidad, pues si falta alguno de ellos, técnicamente no podremos calificar finalmente como culpable una conducta. Dicho en otras palabras, habrá de satisfacerse el ¿qué? y el ¿cómo?

Dadas las consideraciones efectuadas, una vez desplegada una conducta en concreto, es necesario determinar a tal instituto en la concusión, por lo que dada la exactitud con que ha de precederse en la aplicación de la ley penal, según se deriva del tercer párrafo del artículo 14 Constitucional, se reproduce a continuación, el texto del primer párrafo del artículo 218 del Código Penal Federal:

> "ARTICULO 218. Comete el delito de concusión el servidor público que con el carácter de tal y a título de impuesto o contribución, recargo, renta, rédito salario o emolumento, exija, por si o por medio de otro, dinero, valores, servicios o cualquier otra cosa que sepa no ser debida, o en mayor cantidad que la señalada por la Ley."

Del análisis del texto legal transcrito, se desprende que los elementos integradores del tipo penal en cuestión, son:

A) Que el servidor público, con el carácter de tal, realice la conducta reprimida en el tipo, es decir, la exigencia ilegal;

B) Que la exigencia se efectúe en primer lugar, a título de impuesto, contribución, recargo, renta, rédito (en sentido amplio, conceptos de naturaleza fiscal), o bien, como segundo supuesto, a título de salario o emolumento (conceptos no de naturaleza fiscal);

C) Que la exigencia se haga por sí o por medio de otro;

D) Que lo exigido sea dinero, valores, servicios o cualquier otra cosa;

E) Que el servidor público sepa que lo exigido no sea debido o en cantidad mayor que lo señalado por la ley.

Del texto del artículo 218 en cita, podría afirmarse que es elemento material esencial para la integración del instituto de la concusión, que el servidor público en el carácter de tal, formule una exigencia indebida al sujeto pasivo, entendida tal, como sinónimo de ilícita. No existe duda alguna que la antijuricidad de la exigencia es elemento esencial, para tipificar dicha figura.

Sin embargo, la ilicitud (que no debe confundirse con la antijuricidad) de la conducta reprimida en el tipo penal que nos ocupa, se surte desde el momento en que está contenida en una norma penal, esto es, en el propio Código Penal Federal y no opere en favor del sujeto activo, una causa excluyente de delito que lo exima de la responsabilidad penal en cuestión, toda vez que aquél contiene innecesariamente una antijuricidad especial que puede obtenerse en virtud del procedimiento de excepción regla, como advierte JIMÉNEZ DE ASÚA: "la pretendida antijuricidad especial, no es otra cosa que un elemento normativo, indebida e impacientemente incrustado en la que debió ser una descripción típica sin más alcance que el cognoscitivo y sin más propósito que el de concretizar o señalar lo injusto" [60].

---

[60] JIMÉNEZ DE ASÚA. "Tratado de Derecho Penal", 2ª. Edición, Tomo III, Macagna Landa y Cía. Buenos Aires, Argentina, 1958, P. 1008-1009.

Dicho en otras palabras y en el caso que nos ocupa, la connotación que el Legislador le otorgó al adjetivo de indebida sobre la conducta reprimida, va más allá de la simple ilicitud que se sobreentiende y que salta a la vista de la primer lectura que se efectúe del tipo penal que la contiene ya que como se destacará en páginas siguientes, de otra de las acepciones que otorga el Diccionario de la Real Academia de la Lengua Española al vocablo indebida (o), puede afirmarse que se refirió a que lo exigido por el servidor público, no fuese adeudado por el sujeto pasivo (como sucedía hasta la segunda edición de esta obra en el 2002 en los Códigos Penales de Chiapas, San Luis Potosí y Veracruz, que posteriormente fueron reformados para solo subsistir dicha redacción e interpretación a marzo del 2019 en el Estado de Chiapas). Aquí, insisto en el valioso antecedente histórico que en el Derecho Romano tiene la concusión y que en páginas anteriores fue apuntado como aporte de THEODOR MOMMSEN desde 1899.

De ahí, la conducta desplegada por un servidor público al cumplir con las funciones que le fueron otorgadas por ley para recaudar o cobrar, incluso mediante orden de autoridad competente, dinero, valores o servicios a título de impuestos, contribuciones, recargos, rentas o réditos y por ende, como segundo supuesto; se contempla en el tipo penal en estudio, que se exijan en mayor cantidad de lo señalado en la ley, consecuentemente, su exigencia en demasía será ilegal y encuadraría en el tipo penal de la concusión.

Esta aseveración se apoya con el análisis que se efectúe en México de los tipos penales estatales que en su caso, describen localmente al delito de la concusión, alfabéticamente desde Aguascalientes hasta Zacatecas, tal y como se analiza más adelante en un capítulo especial, que en primer lugar, ofrecen al lector una perspectiva más amplia y clara de lo que el legislador pretendió contemplar en el tipo penal federal de dicho instituto y en segundo lugar dejan al descubierto, la obscuridad y complejidad que caracteriza al artículo 218 del Código Penal Federal.

Por ello, en un particular punto de vista que existan contados archivos de casos prácticos referentes a la concusión y menos aún, que hayan permitido su análisis a la luz de la Jurisprudencia. Tales observaciones serán abordadas en páginas siguientes.

Una vez establecidos en un plano general los elementos integradores del tipo penal bajo los cuales debe efectuarse el instituto de la concusión, se analiza dentro del injusto penal el primer elemento del delito, entendido este como una unidad, es decir, la conducta así como su elemento negativo, la ausencia de conducta o atipicidad.

3.3. La conducta como elemento del injusto penal.

En primer lugar, habrá de abordarse el estudio de la conducta reprimida por el Legislador en el instituto de la concusión y que da lugar, al nacimiento de un hecho relevante para el Derecho Penal.

A manera de introducción, debe precisarse que el Derecho Penal prevé y sanciona aspectos referentes a la mera conducta del sujeto activo de un hecho relevante para el Derecho represivo, al respecto, TERAN LOMAS se pronunció en los siguientes términos:

> "El Derecho Penal es de acto (conducta) no de autor. No es una condición, un estado peligroso, el objeto de la represión, sino el acto externo del sujeto, que contradice el orden jurídico. Lo dijo certeramente PESSINA: "{El estado peligroso podrá servir como criterio de

mesuración, pero no fundamenta la aplicación de la sanción, que por mandamiento constitucional se impone al sujeto por su acción contradictoria del derecho} " [61]

VELA TREVIÑO [62] sostuvo que: "...es requisito indispensable que algo realice alguien y que afecte intereses jurídicos protegidos por el tipo penal, para que nazca el derecho estatal a perseguir al sujeto autor para la imposición de las consecuencias legales previamente establecidas."

En el instituto de la concusión es evidente que el verbo rector de la conducta prohibida en el tipo, es la "exigencia" ilícita formulada por el "servidor público", con lo que resulta claro a todas luces que se está ante una "acción" con "resultados meramente jurídicos" ya que si bien no es menester que el sujeto activo obtenga lo exigido, si es suficiente que aquél formule la exigencia dolosa con los requisitos que contempla el tipo respectivo, para que se satisfaga la relación procesal "conducta-tipicidad".

Tal aseveración se fundamenta en la llana lectura que se haga de lo ordenado en los párrafos segundo y tercero del artículo 218 del Código Penal Federal, que contienen las sanciones aplicables por la comisión del tipo legal objeto de análisis.

Por lo que respecta al verbo rector de la conducta reprimida en el tipo, GUILLERMO CANABELLAS [63] en su Diccionario Enciclopédico de Derecho Usual señala que la palabra "exigencia" significa: "requerir, demandar imperiosamente. Pedir aun sin tener derecho pero con amenaza o empleo de la fuerza."

MARIANO JIMÉNEZ HUERTA [64] sobre dicho instituto, opinó lo siguiente: "El elemento fáctico del delito de concusión consiste en que el sujeto activo... exija... Exigir, gramaticalmente significa tanto como pedir en virtud de un derecho, como por la fuerza. Sin embargo, la primera acepción carece de signo penalístico, pues exigir el pago de tributos y la percepción de legítimos impuestos es algo ajeno al comportamiento típico del delito de concusión. Lo que en verdad, adquiere relieve en este delito es que se exija por la fuerza o constreñimiento aquello que no se tiene la obligación de dar. Dicha fuerza o constreñimiento ha de ser naturaleza moral..."

Por su parte, RAÚL CARRANCÁ Y TRUJILLO y RAÚL CARRANCÁ Y RIVAS [65] expresaron que: "La exigencia constituye un uso abusivo de la autoridad derivada de la función. No puede, por tanto, existir, cuando se invoca un cargo que no se ejerce. La exigencia puede ejercerse por cualquier medio idóneo, inclusive la amenaza expresa o tácita, que produzca en el pasivo el error invencible como vicio del consentimiento, dolosamente manifestada o no..."

En mi opinión, el tipo penal federal en examen adolece de una complicada redacción ya que en primer lugar, la conducta que se reprime va enfocada bajo los títulos que refiere, a exigir dinero, valores o servicios, entendiéndose estos como posibles objetos materiales sobre los cuales está dirigida la exigencia.

---

[61] TERÁN, I. "La teoría del autor en la sistemática del Derecho Penal", citado por VELA, Treviño en "La Prescripción en Materia Penal", Editorial Trillas, México, D.F. 1985. P. 129.
[62] VELA, T. Op.cit. P. 126.
[63] CANABELLAS, Guillermo. "Diccionario Enciclopédico de Derecho Usual". Tomo III, Editorial Heliástica, Buenos Aires, Argentina. 1979. P. 283.
[64] JIMÉNEZ, Huerta, M. "Derecho Penal Mexicano". Editorial Porrúa. México, D.F. 1984. P. 441 y 442.
[65] CARRANCÁ y Trujillo y Carrancá y Rivas. Código Penal anotado". Editorial Porrúa, México, D.F. 1985. P. 218.

En segundo lugar, el tipo penal federal de la concusión también sanciona que el servidor público exija "algo" que no está determinado en ley ya que igualmente reprime que aquél exija "cualquier otra cosa que sepa no sea debida o en cantidad mayor que lo señalado por la ley", lo cual resulta obscuro, reiterativo y violatorio al "Principio de Exacta Aplicación de la Ley" que rige en Materia Penal, consideración personal que se explica con posterioridad.

Si se efectuase un análisis general del texto del tipo penal de la concusión contenido en el artículo 218 del Código Penal podría sostenerse como en 1984 lo hizo MARIANO JIMÉNEZ HUERTA -sobre el tipo penal vigente en el Distrito Federal que: "El elemento fáctico del delito de concusión consiste en que el sujeto activo... exija... Exigir, gramaticalmente significa tanto como pedir en virtud de un derecho, como por la fuerza. Sin embargo, la primera acepción carece de signo penalístico, pues exigir el pago de tributos y la percepción de legítimos impuestos es algo ajeno al comportamiento típico del delito de concusión. Lo que en verdad, adquiere relieve en este delito es que se exija por la fuerza o constreñimiento aquello que no se tiene la obligación de dar. Dicha fuerza o constreñimiento ha de ser naturaleza moral... " [66]

Tal postura del connotado jurista español es valiosa pero limitada al no considerar los antecedentes legales y por ejecutorias aisladas vigentes en su momento en el Derecho Penal Mexicano, que se precisan más adelante este libro. En la redacción legal de la concusión lo que se sanciona es la exigencia ilegal de algo que no se adeuda o que adeudándose por el gobernado, resulta menor a lo exigido ilegalmente por el servidor público con previo conocimiento de ello. Tales antecedentes fueron enfocados a la exigencia ilegal de los impuestos al momento de ser cobrados por los servidores públicos.

Además, si se efectúa lectura de los tipos penales que describen al delito de la concusión en nuestro país, en todos y cada uno de los códigos penales aplicables en los estados de la República Mexicana, en complemento al tipo penal federal y se analizan los antecedentes legales y por tesis aisladas existentes en México, resulta que de acuerdo a tales fuentes el servidor público en ejercicio de un derecho que le es conferido por ley, exige ilegalmente al particular o sujeto pasivo, conceptos fiscales, es decir, el pago de impuestos o contribuciones, productos, impuestos, rentas, réditos, cuotas, entre otros, de acuerdo a la redacción legal bajo la cual están revestidos los tipos penales estatales que contienen a la concusión.

Como antecedentes históricos destaco que incluso en algunas entidades federativas de nuestro país, como Durango, San Luis Potosí y Veracruz se contemplaron en su momento, eximentes de responsabilidad penal para el servidor público cuando tal exigencia en ejercicio de un derecho era formulada bajo una creencia errónea de la realidad, cuando era provocada por errores de terceras personas o por errores mecánicos de los equipos con los cuales se efectuaban los cálculos matemáticos para el cobro de productos, impuestos y cuotas entre otros, o bien, cuando expedía comprobantes sobre el pago en demasía que ignoraba, es decir, el sujeto activo actuaba bajo un error de prohibición al creer justificada su conducta. Por si fuera poco, se llegó a establecer que no se procedería penalmente en contra del servidor público estatal que expedía comprobantes de recaudación con motivo del pago efectuado por el particular, a favor del Estado; tal y como lo destaqué en la segunda edición del 2004 de este libro, eximentes de responsabilidad que con el paso de los años fueron derogadas paulatinamente de dichos Estados de la República para dar

---

[66] JIMÉNEZ, Huerta Mariano. "Derecho Penal Mexicano". Editorial Porrúa, México, D.F. 1984. P. 441 y 442.

cabida a las redacciones legales locales vigentes al 31 de marzo del 2019 que más adelante se describen.

Estas consideraciones sobre los tipos penales estatales que definen y sancionan al delito que nos ocupa, forman parte de un capítulo especial que deliberadamente se pospone para su análisis, por lo que en este punto solo se efectúan observaciones sobre el tipo penal contenido en el artículo 218 del Código Penal Federal.

Así, se desprende en primer lugar que la acción ilícita de "exigir" reprimida en el delito de concusión, consiste en el primero de los supuestos; pedir imperiosamente dinero, valores, servicios, por la fuerza (violencia moral) constriñendo al sujeto pasivo del delito, pero aparentando que es debido, pues precisamente el servidor público a sabiendas de que carece de derecho, formula dolosamente la exigencia a título de impuesto, contribución, recargo, renta, rédito, salario o emolumento. Dicho en otras palabras, la concusión será antijurídica cuando quien la cometa lo hace sin derecho.

Así, la exigencia reprimida formulada con una aparente licitud, por provenir de un servidor público, quien se ostenta y actúa dentro de su ámbito competencial, abusando de ello y por el título bajo el cual se formula dicha exigencia.

Sobre el particular, resulta que en el Diccionario de la Real Academia de la Lengua Española, también se otorga al vocablo debida (o) la siguiente acepción.- "p.p. de deber. // como es debido. Fr. Como corresponde o es lícito. // debido a. Loe. Prepos. A causa de, en virtud de."

Y por deber, según la misma fuente bibliográfica en cita debemos entender entre otras acepciones: "(infinitivo del verbo deber.) m. Aquello a que está obligado el hombre por los preceptos religiosos o por las leyes naturales o positivas. El deber del cristiano, del hombre, del ciudadano.// 2. DEUDA, OBLIGACIÓN DE PAGAR."

En ese orden de ideas, también puede darse en el caso de la concusión, que el servidor público exija el pago de "dineros, valores o servicios" a título de impuestos, contribuciones, recargos, rentas o réditos que sean adeudados al Estado por el sujeto pasivo o particular, que en vía de consecuencia, podrían ser pagados por los particulares ya sea en dinero o en especie, de acuerdo a la situación fiscal en que se encuadrase cada caso en concreto y de conformidad con las reglas establecidas en el Código Fiscal de la Federación o cuerpo normativo secundario de la misma materia.

Sólo en el caso que efectivamente fuesen exigidos en demasía, de lo que corresponde por ley o no existiesen en esta como obligatorios, entonces si a todas luces el servidor público podría ser vinculado de facto en la comisión del delito de concusión.

Al respecto, como antecedente práctico que robustece este comentario resulta que en el año de 1930 en el antiguo artículo 1032 del Código Penal del Distrito vigente en esa época, bajo el tipo penal de la concusión se castigaba efectivamente el cobro ilegal y/o excesivo de obligaciones tributarias de los particulares.

A continuación se transcribe la Ejecutoria sustentada por la entonces Primera Sala de la H. Suprema Corte de Justicia de la Nación, visible en la página 761, del Apéndice al Semanario Judicial de la Federación, Quinta Época, Tomo XXIX que a la letra indica:

> "CONCUSIÓN. El delito de concusión que define el artículo 1032 del Código Penal del Distrito, está constituido por el cobro que se haga de impuestos indebidos, independientemente del objeto al cual se destinen los fondos recaudados, porque no es la inversión de esos mismos fondos la que constituye el delito, sino el hecho del cobro ilegal."

> "TOMO XXIX, Pág. 761. Flores Francisco R. 11 de junio de 1930."

Ahora bien, en lo que respecta a la exigencia ilegal o en demasía formulada por el servidor público al sujeto pasivo o particular, se reproduce la Ejecutoria pronunciada por el Segundo Tribunal Colegiado del Cuarto Circuito del Poder Judicial Federal, visible en la página 488 del Apéndice al Semanario Judicial de la Federación, Octava Época, Tomo VI, Segunda Parte que indica lo siguiente:

> "CONCUSIÓN, DELITO DE. (LEGISLACIÓN DEL ESTADO DE NUEVO LEÓN). Conforme al artículo 218 del Código Penal de Nuevo León, comete el delito de concusión el funcionario, empleado o encargado de un servicio público que con esos caracteres y a título de impuesto o contribución, recargo, renta, rédito, salario o emolumento, exija, por sí o por medio de otro, dinero, valores, servicios o cualquiera otra cosa que sepa no ser debida o en mayor cantidad de la señalada por la Ley. De la anterior definición se desprende que para la existencia del delito de concusión es menester que el dinero, valores o cosa exigida por el funcionario o empleado público, tenga la calidad de indebido o en mayor cantidad de la señalada por la Ley, lo que no deriva de la clase de atribuciones o facultades del agente, sino de la naturaleza injusta de la percepción en sí misma considerada, bien porque no sea obligatoria para el sujeto pasivo, aporque siéndolo resulte excesiva."

> "Amparo directo 197/89. Carlos Eligió Álvarez Cardona. 7 de marzo de 1990. Unanimidad de votos. Ponente: Leandro Fernández Castillo. Secretario: Abraham S. Marcos Valdés."

Ante la complejidad de la redacción que caracteriza al delito "in fine", se precisan a continuación todos y cada uno de los significados que revisten los títulos bajo los cuales se formula la exigencia ilícita, que eminentemente tienen una naturaleza u origen fiscal al estar incluidos en el Código Fiscal Federal, —hecha excepción de salario o emolumento—, de acuerdo a los Diccionarios de la Real Academia de la Lengua Española y para Juristas, de Juan Palomar de Miguel.

1. IMPUESTO ó CONTRIBUCIÓN; Dada la obvia referencia que dicho vocablo reviste en el campo del Derecho Fiscal, a continuación se reproduce la definición del Código Fiscal de la Federación que a la letra indica:

> "ARTICULO 2.- Las contribuciones se clasifican en "impuestos", aportaciones de seguridad social, contribuciones de mejoras y derechos, las que se definen de la siguiente manera:"

> I. "Impuestos son las contribuciones establecidas en ley que deben pagar las personas físicas y morales que se encuentran en la situación jurídica o de hecho prevista por la misma y que sean distintas de las señaladas en las fracciones II, III y IV de este articulo."

> II. "Aportaciones de seguridad social son las contribuciones establecidas en ley a cargo de personas que son sustituidas por el Estado en el cumplimiento de obligaciones fijadas

- III. "Contribuciones de mejoras son las establecidas en Ley a cargo de las personas físicas y morales que se beneficien de manera directa por obras públicas."
- IV. "Derechos son las contribuciones establecidas en Ley por el uso o aprovechamiento de los bienes del dominio público de la Nación, así como por recibir servicios que presta el Estado en sus funciones de derecho público, excepto cuando se presten por organismos descentralizados u órganos desconcentrados cuando en este último caso, se trate de contraprestaciones que no se encuentren previstas en la Ley Federal de Derechos. También son derechos las contribuciones a cargo de los organismos públicos descentralizados por prestar servicios exclusivos del Estado."

por la ley en materia de seguridad social o a las personas que se beneficien en forma especial por servicios de seguridad social proporcionados por el mismo Estado."

La palabra "contribución" deriva del vocablo latino "contributio" que significa: "la cuota que se paga para algún fin y principalmente, la que se impone para las cargas del Estado."

Cabe señalar que de la lectura que se haga del precepto en cita así como de la definición anterior, es visible que los términos "impuesto" y "contribución" son usados indistintamente en el Código Fiscal Federal, por lo que es válido establecer que ambos, versan sobre el mismo contenido. Al respecto, en la Doctrina Nacional ERNESTO FLORES ZAVALA [67] postuló que:

"... al decir que el impuesto es una prestación, significa que a cambio de la cantidad que el particular entrega al Estado por concepto de impuesto, no percibirá algo concreto; éstos se invierten en servicios públicos, pero sin que exista una relación inmediata y perceptible entre el pago del particular y la actividad del Estado."

Las características jurídicas del "impuesto" son: de carácter unilateral, obligatorio así como proporcional y equitativo ya que es fijado por el propio Estado y es menester que todos los particulares cumplan con tal obligación por disposición expresa de la ley (Constitución Política de los Estados Unidos Mexicanos en concordancia con lo establecido en el Código Fiscal de la Federación), tomando en consideración que: "los ciudadanos de cualquier Estado deben contribuir al sostenimiento del gobierno, en cuanto sea posible, en proporción a sus respectivas aptitudes, es decir, en proporción a los ingresos que disfruten bajo la protección estatal. En la observancia o en la omisión de estas máximas consiste lo que se llama igualdad o desigualdad de la imposición. [68]

2. RECARGO; Debe entenderse como: "una carga nueva o un aumento de la misma "...Cantidad o tanto por ciento que se añade a una deuda, gralte, por haberse retrasado en el pago" debiéndose entender, como aquella cantidad fijada por el Estado al particular por no haber cumplido con una obligación principal dentro del tiempo fijado para ello."

3. RENTA; dicha palabra deriva del vocablo latino "reddita" que significa: "utilidad o beneficio del que vende anualmente una cosa o lo que de ella se cobra."

Asimismo, como definición actual de dicho vocablo figura la siguiente: "...Utilidad o beneficio que produce periódicamente un bien; lo que se cobra por la cesión de su uso a otra persona. Cantidad fija que paga un arrendatario al propietario de la tierra. Beneficio adicional que produce el prestigio, dignidad, etc. De la tierra remuneración por el uso de la tierra de cultivo. Disponible

---

[67] FLORES, Zavala. "Elementos de Finanzas Mexicanas". Editorial Stylo. México, D.F. 1951. P. 37.
[68] FLORES, Zavala. "Elementos de Finanzas Mexicanas". Editorial Stylo. México, D.F. 1951. P. 216.

conjunto de los ingresos de los habitantes que un país en un periodo determinado. Nacional conjunto de los ingresos, rentas o beneficios que obtienen particulares o empresas por su participación en el proceso productivo (excluye donaciones, subvenciones o intereses de deuda e incluye los impuestos directos, considerados como pago al Estado por sus servicios)."

4. RÉDITO; deriva del vocablo latino "reditus" que significa: "renta, utilidad o beneficio que rinde algún capital inmovilizado."

5. SALARIO; esta palabra deriva del vocablo latino "salarium" que significa: "estipendio de sal". Es aquella retribución, monetaria o en especie, que recibe un trabajador de quien le emplea por el trabajo que realiza.[69] De acuerdo al texto del artículo 82 de la Ley Federal del Trabajo, debe entenderse por salario:"... la retribución que debe pagar el patrón al trabajador por su trabajo."

6. EMOLUMENTO.- Debe resaltarse en este inciso que dado el "Principio de exacta aplicación de la Ley" que impera en materia penal, no debe confundirse que por la palabra "emolumento" se entienda cualquier "gaje", "utilidad", "propina", "retribución", "comisión", etc., toda vez que contrariamente a tal aseveración, el Diccionario de la Real Academia Española [70] señala que la palabra "emolumento" proviene del latín emolumentum y que significa.- "gaje, utilidad o propina que corresponde a un cargo o empleo."

En el mismo sentido, GUILLERMO CANABELLAS [71]sostuvo que: "emolumento" significa beneficio, utilidad, gaje, propina, lucro inherente a un cargo, empleo o destino". Consecuentemente, emolumento no es cualquier gaje, utilidad o propina, sino solo aquella que corresponda y sea inherente al cargo que desempeñe el concursionario, como servidor público.

Asimismo, la palabra "emolumento" no significa "comisión", pues por esta se entiende: "el mandato conferido al comisionista o la retribución que se paga por esta clase de operaciones de comercio." [72]

De acuerdo a la descripción en abstracto hecha por el Legislador en el instituto en estudio y de acuerdo a las consideraciones y acepciones vertidas con anterioridad, las únicas maneras a cuyo título puede ser formulada la concusión son a título de: impuesto o contribución, recargo, renta, rédito, esto es, reiteramos conceptos eminentemente de naturaleza u origen fiscal, hecha excepción de los dos últimos conceptos citados.

Por otra parte, al tipo penal de la concusión lo caracteriza una obscura redacción al establecer que el servidor público exija "algo" que no está determinado en el tipo penal ya que igualmente prevé como punible que exija "cualquier otra cosa que sepa no sea debida o en cantidad mayor que lo señalado por la ley", lo cual resulta, violatorio al Principio de Exacta Aplicación de la Ley que rige en Materia Penal.

---

[69] CANABELLAS, Guillermo. Diccionario Enciclopédico de Derecho Usual. Tomo III. Editorial Heliástica, Buenos Aires, Argentina. 1979. P. 468.
[70] REAL ACADEMIA DE LA LENGUA ESPAÑOLA. "Diccionario de la Real Academia Española". Editorial Espasa Calpe. Madrid, España. 1970. P. 514.
[71] CANABELLAS, G. Op. Cit. P. Tomo III. 71.
[72] REAL ACADEMIA DE LA LENGUA ESPAÑOLA. "Diccionario de la Real Academia Española". Editorial Espasa Calpe. Madrid, España. 1970. P. 329.

Dicho en otras palabras, el Legislador en contravención al principio en cita, en la propia descripción de la conducta reprimida, sanciona que el servidor público exija en el primero de los supuestos, "cualquier otra cosa" que sepa no sea debida y en el segundo de las hipótesis; que exija "cualquier otra cosa" en mayor cantidad de lo señalado en ley.

Esto es, si no existe una norma legal contenida en un cuerpo normativo especial y ajeno al Código Penal Federal que obligue al particular o sujeto pasivo a proporcionar al activo lo exigido, habiéndolo determinado en especie y monto, tenemos que dicha exigencia devendrá en ilegal, motivo por el que considero como obscura la redacción en el supuesto señalado toda vez que por simple raciocinio lógico-jurídico, cualquier exigencia por parte del servidor público que vaya en demasía de lo ordenado en ley, será ilegal y por tanto, sujeto a sanción de acuerdo al artículo 218 del Código Penal Federal, con total independencia que obtenga lo exigido puesto que se trata de un delito de resultados jurídicos..

3.4. Clasificación del delito en orden a la conducta.

Podemos clasificar al instituto de concusión, como un "delito de simple conducta o formal" toda vez que se caracteriza por ser de los que "...jurídicamente se consuman por el solo hecho de la acción o de la omisión del culpable, sin que sea precisa la producción de un resultado extraño."[73] Al respecto, EDMUNDO MEZGER [74] sostuvo que: "en los llamados delitos de simple actividad se agota el tipo penal con el movimiento corporal del agente, no siendo necesario un resultado externo."

En el tipo legal de la concusión, se satisface dentro del injusto penal, la relación procesal conducta-tipicidad, en el momento que el sujeto activo (servidor público) "exige" por sí o por medio de otro "... a título de impuesto o contribución, recargo, renta, rédito, salario o emolumento..." y a que la conducta reprimida en el tipo está determinada por el núcleo del verbo rector correspondiente (exigir). Al respecto, basta afirmar que este, es el que da la pauta para saber si la concusión puede cometerse exclusivamente en forma activa en orden a la conducta o cuando permite, por otra parte, una u otra de las formas en que la conducta puede manifestarse en orden a la delictuosidad.

Por vía de ejemplo, la violación solo puede ser cometida activamente ya que como lo plantea PORTE PETIT. "... dada la naturaleza del núcleo del tipo, o sea la cópula, solamente puede cometerse la violación por un hacer. Es imposible una realización omisiva, pues no se puede llevar a cabo la cópula no haciendo.[75] En cambio, matar o privar de la vida a otro, que es el núcleo del tipo de homicidio, puede llegarse al cabo mediante acción u omisión. En consecuencia, es el tipo mismo el que nos debe dar la respuesta adecuada". [76]

En la concusión sólo existe una manera de manifestar la conducta reprimida en el tipo legal y es por medio de una "acción" que si bien no es menester que el sujeto activo obtenga lo exigido, si lo es para satisfacer la relación procesal "conducta-tipicidad".

---

[73] VELA, Treviño. "La Prescripción en Materia Penal". Editorial Trillas. México, D.F. P. 133.
[74] MEZGER, Edmundo. "Tratado de Derecho Penal", Tomo I, Editorial Revista de Derecho Privado. Madrid, España. 1956. P. 178.
[75] PORTE, Petit, Celestino. "Ensayo dogmático sobre el delito de violación". Editorial Jurídica Mexicana. México, D.F. 1966. P. 27.
[76] PORTE, Petit, C. Op. Cit. P. 134.

Así, "... todos los delitos de acción implican una conducta caracterizada por el movimiento corporal voluntario que afecta un interés incluido en el tipo; por esto, el hecho adquiere relevancia cuando hay una relación entre el hacer algo y la satisfacción del tipo. Al ocurrir ello, nace el derecho del Estado para la persecución y coetáneamente se inicia el curso de la prescripción de la acción persecutoria.[77]

De esta manera, se analiza la conducta reprochada en el tipo legal de la concusión, esto es, "el exigir ilegalmente" en orden al tiempo en que dicha conducta, queda formalmente agotada.

La concusión como delito unisubsistente.

Al analizar la figura jurídica de la concusión, tenemos que la conducta queda consumada en un solo acto (delito unisubsistente) es decir, cuando "...con el carácter de tal... a título de impuesto o recargo, renta rédito, salario o emolumento..., exige...ya que en un primer supuesto; dicha conducta es llevada a cabo exclusivamente por el mismo (servidor público) con lo que es posible sostener que dicha "exigencia" no se divide o fracciona en el tiempo ya que no es requisito sine qua non que tal conducta modifique el mundo exterior para que afecte el interés jurídicamente protegido por el tipo legal o dicho en otras palabras; que el sujeto activo obtenga lo exigido.

A efecto de apoyar tal postura, se reproduce el criterio sostenido por VELA TREVIÑO [78] al abordar el estudio de los delitos unisubsistentes: "...Parece no existir duda alguna en cuanto se refiere a la característica propia de los delitos insubsistentes: ellos no permiten una división o fraccionamiento en el tiempo de la conducta que los identifica. Por ejemplo, para JIMÉNEZ HUERTA [79] resulta imposible jurídicamente el dividir una injuria verbal que queda consumada y agotada en el momento mismo en que es vertida."

Por lo tanto, resulta lógico el sostener que la conducta reprimida en el tipo legal de la concusión no se puede dividir o fraccionar en el tiempo toda vez que se trata de un delito de resultados jurídicos en el que no es menester una alteración de tipo físico u objetivo del mundo exterior (la obtención de lo exigido) para que se satisfagan dentro del injusto penal, sus dos primeros elementos (conducta-tipicidad) y por consecuencia, se perfeccione la relación procesal conducta-tipo de dicha figura jurídica.

La relación conducta-tipicidad, se perfecciona en el momento mismo en que el "servidor público" o un sujeto diverso a aquel (por medio de otro) "... a título de impuesto o contribución, recargo, renta, rédito, salario o emolumento, exige ... dinero, valores, servicios o cualquiera otra cosa que sepa no ser debida o en mayor cantidad que la señalada por la Ley."

Al respecto, se considera plausible la opinión doctrinal del autor en cita [80] al sostener que: "... Lo que quiere significarse...es que los tipos tienen una elaboración determinada que les ha dado el legislador, en virtud de la cual, en algunos casos, no se requiere en forma precisa que para que un hecho concreto pueda llegar a ser valorado como típico se haya de modificar sustancial y materialmente el mundo externo; en otros casos, el hecho mismo ha sido previsto en el tipo como <u>necesariamente modificar de la</u> realidad material preexistente. El resultado la conducta produce es,

---

[77] VELA, Treviño, Sergio. "La Prescripción en Materia Penal". Editorial Trillas. México, D.F. P. 150.
[78] VELA, Treviño, S. Op. Cit. P. 150.
[79] JIMÉNEZ, Huerta, M. "La Tipicidad". Editorial Porrúa. México, D.F. 1955. P. 126.
[80] VELA, Treviño, S. "La Prescripción en Materia Penal". Editorial Trillas. México, D.F. P. 187.

en estas condiciones, puramente jurídico en el primer caso y eminentemente material en el segundo."

3.5. La coparticipación.

En el segundo de los supuestos, cuando la conducta reprimida en el tipo es desplegada por un agente diverso al "servidor público", es claro que se estaría ante una posible coparticipación en la comisión de un hecho relevante para el Derecho Penal o bien, en la concurrencia de conductas de sujetos diversos encaminadas a un solo fin, que encuentran sustento y fundamento legal para su clasificación, en el catálogo contemplado en el artículo 13 del Código Penal Federal dedicado a la autoría y participación.

La observación anterior, se desprende de la llana lectura que se haga del artículo 218 del Código Penal Federal, que a la letra indica: "... el servidor público, que con el carácter de tal y a título de... exija, por si O POR MEDIO DE OTRO..."

Por ello, a dicho sujeto le serían aplicables las sanciones previstas en el artículo 218 del Ordenamiento Represivo Federal por la comisión del delito de concusión, dependiendo de las características particulares del caso concreto (en cuanto a la cuantía de lo exigido) y el grado de participación (Art. 13 Código Penal Federal) ya que dicha persona realizaría una conducta típica en combinación con el "servidor público" y la cual, da nacimiento al derecho de persecución por parte del Estado.

Tal consideración, encuentra apoyo y fundamento legal en lo ordenado en el párrafo segundo del artículo 212 del Código Penal Federal, que a la letra indica: "Se impondrán las mismas sanciones previstas para el delito de que se trate a cualquier persona que participe en la perpetración de alguno de los delitos previstos en este Titulo o el subsecuente."

3.6. Clasificación de la concusión conforme al resultado.

Al analizar el instituto de mérito y dadas las características con que lo revistió el Legislador, dicha figura puede ser clasificada conforme al resultado de la siguiente manera:

1. DELITO DE RESULTADO JURÍDICO. Al abordar el tema de la clasificación del instituto, en atención a la conducta como "delito formal", quedó claro que: "... es el que jurídicamente se consuma por el solo hecho de la acción o de la omisión del culpable, sin que sea precisa la producción de un resultado externo." [81]

Lo anterior debe interpretarse en el sentido de que "... en los delitos formales el resultado puede ser solamente inmaterial, como ocurre en la calumnia, la difamación y otros, que se consuman independientemente del hecho de que se consiga el efecto calumnioso o difamatorio." [82]

De acuerdo al tipo legal de la concusión, es notorio que la conducta reprimida en el tipo es la "exigencia" que formula el sujeto activo ya sea el mismo "servidor público" o un sujeto diverso a

---

[81] VELA, Treviño, S. "La Prescripción en Materia Penal". Editorial Trillas. México, D.F. 1985. P. 150.
[82] VELA, Treviño, S. Op. cit.150.

aquél y que para que se perfeccione la relación procesa conducta-tipicidad no es necesario que el sujeto activo obtenga lo exigido ya que se trata de un delito "de mera conducta o formal" en que el resultado que afecta el interés jurídicamente tutelado tiene lugar con la simple exigencia, con total independencia de que se obtenga el producto ilícito de la misma.

2. DELITO DE PELIGRO ABSTRACTO. De acuerdo a la Doctrina Nacional, estaremos ante un delito de peligro abstracto cuando una conducta pone en riesgo un bien jurídicamente tutelado, sin que forzosamente se dé un daño material concreto en el mundo exterior.

Al respecto, VELA TREVIÑO explicó que: "El legislador toma en cuenta para la erección de determinados hechos en típicos que un ser humano normal debe actuar con cierto grado de conocimiento de que existen bienes o intereses jurídicos que siempre deben estar preservados del daño posible y que por ello, poner en marcha un proceso causal que desproteja, aún cuando sea transitoriamente un interés jurídico, está prohibido por las normas."

Como tal, se entiende a criterio de LUIS JIMÉNEZ DE ASÚA [83] que aparecen: "... cuando el delito, como tal, represente la específica puesta en peligro de bienes jurídicos, pero la penalidad es indiferente de que se demuestre en el caso concreto la especial situación de peligro" (dicho autor, los clasifica en virtud del número de sujetos pasivos que puedan resultar dañados por la comisión de tales delitos, ya, sean de tipo "individual" o "común").

En la especie, resulta claro que el tipo legal de la concusión no requiere que el sujeto activo obtenga lo exigido ilegalmente, por proteger precisamente el Legislador el patrimonio de los particulares ante el abuso de autoridad por quienes están investidos con el carácter de servidores públicos. Por ello, en el caso que nos ocupa creo como válido el sostener que se está ante un delito "de peligro abstracto."

Dicho en otras palabras, como lo sostuvo certeramente en su momento VELA TREVIÑO [84] al establecer ejemplos ajenos al instituto de la concusión como delitos de peligro abstracto, "... se está ante un delito perfectamente consumado por el solo hecho de usar el medio específico.." (exigir algo con el conocimiento previo de que es indebido o en mayor cantidad que la señalada por la Ley) "...que por su propia naturaleza pone en peligro manifiesto a alguno de los bienes a los que se refieren el Legislador en el tipo legal..."(el patrimonio de los particulares y el correcto funcionamiento de la administración pública). No se requiere, como se desprende de la redacción legal, la obtención de lo exigido, sino que basta la puesta en peligro, para que el delito exista.

De acuerdo a lo establecido en los párrafos segundo y tercero del artículo 218 del Código Penal Federal, la relación procesal conducta-tipicidad,[85] tiene lugar en el momento en que consuma la conducta reprimida en el tipo legal (exigir) de acuerdo a los elementos integradores contenidos en

---

[83] JIMÉNEZ DE ASÚA. "Tratado de Derecho Penal". Macagna Landa y Cía. Buenos Aires, Argentina. P. 467.
[84] VELA, Treviño, S. Op cit. P. 193.
[85] Jiménez De Asúa sostuvo que el delito se consuma cuando el hecho concreto realizado corresponde de manera exacta y completa al tipo legal contenido en el Código o en leyes especiales ("Tratado", Tomo VII, P. 967). Pudiera parecer que existe una confusión conceptual entre consumación del delito y tipicidad del hecho. Para eliminar esta duda es recomendable ver a Battiol ("Derecho Penal", Parte General, Editorial Themis, 1965, P. 467 y siguientes), en especial el párrafo que dice: "La consumación del delito supone, pues, que en el hecho concreto realizado por el agente se encuentran todos los requisitos o elementos señalados en la tipicidad abstracta. El delito queda consumado cuando tipicidad abstracta y tipicidad concreta coinciden entre sí perfectamente."

él y que son: que con el carácter de tal (servidor público) y "... a título de ...exija, por sí o por medio de otro...", toda vez que no es menester para la satisfacción del instituto en comento que dicho agente obtenga lo exigido ya que por la llana exigencia ilícita, se satisface la relación conducta-tipo.

3. DELITO INSTANTÁNEO. En la Doctrina legada al analizar a los delitos instantáneos en el Derecho Penal Mexicano, el autor español MARIANO JIMÉNEZ HUERTA [86] sostuvo que: "la conducta humana puede infringir el imperativo de la norma penal en forma instantánea o permanente."

Constituye la forma instantánea, agrega el autor, "... cuando el comportamiento humano, al propio tiempo que viola la norma penal, destruye o disminuye el bien jurídico que la norma protege, o pone en marcha las condiciones que después producen la destrucción o disminución del bien jurídico, sin que dada la naturaleza de éste resulte posible prolongarle la conducta."

De manera concordante, la H. Suprema Corte de Justicia de la Nación ha pronunciado el siguiente criterio:

"Delitos instantáneos son aquellos cuya duración concluye en el momento mismo de perpetrarse, por que consisten en actos que, en cuanto son ejecutados, cesan por si mismos, sin poder prolongarse, como el homicidio, el incendio, las lesiones, etc."

"Semanario Judicial de la Federación. Quinta época. Tomo XXXI, página 1709."

En atención a la naturaleza jurídica de los llamados delitos instantáneos, VELA TREVIÑO [87] postuló como requisitos existenciales de los mismos, los siguientes:

"a) UNA CONDUCTA; esto es tan definitivo que no necesita mayores comentarios, ya que sin conducta nunca podría haber delito;

"b) UN ANÁLISIS DE LA NORMA JURÍDICA VIOLADA; en efecto, para que cualquier conducta adquiera relevancia jurídico penal es menester que ella viole una norma jurídica de naturaleza penal; ahora bien, las normas típicas, que a ellas obviamente nos referimos, tienen la misión de tutelar o proteger un determinado bien o interés jurídico. Es la naturaleza del bien o interés que se encuentre incluido en la norma el que nos puede dar, en cada caso, la forma de afectarlo. Es por ejemplo, válido el caso del homicidio que tutela el bien "vida" y que al efectuarse, produce instantáneamente el resultado que se pretende evitar. Lo mismo ocurre en los casos de afectaciones a la integridad corporal (lesiones), de daño en propiedad ajena y otros;"

"c) CONSUMACIÓN Y AGOTAMIENTO, que son igualmente instantáneos; la consumación se entiende como la correspondencia exacta y completa entre el hecho concreto y el tipo legal que lo describe; [88] el agotamiento se da cuando la conducta particular de que se trata produce las consecuencias que el tipo de que se trate ha previsto sin posibilidad de extenderlas en atención a la naturaleza del bien tutelado en el propio tipo."

---

[86] JIMÉNEZ Huerta, M. "Panorama del delito". Imprenta Universitaria, México, D.F. 1950. P. 58.
[87] VELA, Treviño, S. "La Prescripción en Materia Penal". Editorial Trillas. México, D.F. 1985. P. 150.

[88] MEZGER, Edmundo. "Tratado de Derecho Penal". Madrid, España. P. 224 y 225.

En los "delitos instantáneos" la consumación y agotamiento de la conducta reprimida en el tipo se presentan contemporáneamente, lo que trae como resultado la satisfacción de la relación procesal conducta-tipicidad, toda vez que para la satisfacción del tipo legal de la concusión no es menester la obtención de lo "exigido" por parte del sujeto activo, es decir, aquél se perfecciona por la exigencia ilícita y no por la obtención de lo exigido ilegalmente.

3.7. El nexo causal en el delito de la concusión.

Debe recordarse que el instituto del "hecho" en el Derecho Penal, se encuentra formado por la conducta, el resultado y un "nexo de causalidad" que relacione materialmente la primera con el segundo. Dadas las características con que se encuentra formulado y estructurado el tipo penal de la concusión, aquél no tiene cabida, posición que se plantea a continuación.

En el ámbito doctrinal, el Ex-Ministro de la H. Suprema Corte de Justicia de la Nación, FRANCISCO PAVÓN VASCONCELOS,[89] se pronunció en su momento de la siguiente manera:

> "La distinción hecha entre resultado jurídico y resultado material nos lleva a precisar, en primer término, que solo es propio hablar de nexo causal con relación a aquellas conductas productoras de un resultado material, pues únicamente en el mundo naturalístico y no en el jurídico tiene vivencia tal fenómeno como certeramente ha observado MEZGER, pues el concepto de causalidad es concepto lógico y no jurídico, por constituir una forma del conocer que debe ser entendida como "categoría" esto es, como un posición de la actividad de pensamientos por medio de la cual se trata de comprender las conexiones dentro del mundo de la experiencia. Como expresamente lo señala el destacado autor, dicho concepto de causalidad "es un concepto que supone una referencia, es decir, nos informa sobre una referencia, sobre una conexión entre dos procesos; entre la causa por un lado y el efecto por el otro."

Dada la propia concepción del nexo causal y las características que revisten al tipo legal de la concusión, es indiscutible que al estar ante un delito de resultado jurídico que para su perfección como conducta-tipo, no se requiere de un resultado material, no existe "nexo de causalidad" ya que el tipo legal se agota y perfecciona con la propia exigencia ilícita, sin que constituya requisito sine qua non la obtención de lo exigido ilegalmente.

3.8. La tentativa en la concusión.

Al examinar la estructura que reviste al tipo penal de la concusión, se dejó claro que con respecto a la conducta, debe ser considerado como un "delito formal" toda vez que aquella queda consumada y agotada en el momento en que se satisface la relación conducta-tipo. Es decir, no es menester para la perfección de dicha relación que se produzca un resultado de tipo material en el mundo externo (obtención de lo exigido) para así producir un daño en los bienes jurídicos que tutela la norma penal (el patrimonio de los particulares y el correcto funcionamiento de la administración pública).

Planteado de otra forma, la propia naturaleza del verbo rector de la conducta reprimida (exigir) por ser de carácter imperioso e ilegal, con independencia de que el sujeto activo obtenga lo exigido,

---

[89] PAVÓN, Vasconcelos, F. "Derecho Penal México". Editorial Porrúa. México, D.F. P. 212.

permite que desde ese momento se convierta en un hecho relevante para el Derecho Penal ya que el Legislador consideró como suficiente para ello, que se pusiese en peligro los bienes jurídicamente tutelados por la norma para ser sancionada, claro está, siempre y cuando la conducta prohibida tenga lugar de acuerdo a la redacción legal del tipo penal en examen, contenido en el artículo 218 del Código Penal Federal..

Por tal motivo, el tipo legal de la figura in fine no da cabida a la tentativa ya que resultaría ilógico que el servidor público llevase a cabo actos encaminados a exigir ilegalmente al particular "... dinero, valores, servicios o cualquier otra cosa" y que por ese solo hecho, ponga en riesgo el bien jurídicamente tutelado por la norma (el patrimonio de los particulares y el correcto funcionamiento de la Administración Pública) para ser sancionado por el Derecho Penal, sin que se surta en el mundo exterior, el carácter imperioso e ilegal de la exigencia prohibida.

3.9. La ausencia de la conducta en la concusión.

Con anterioridad se mencionó que la sistemática que se utiliza para el análisis sobre el delito materia de este trabajo, es de carácter lógico-jurídico-procesal, ya que no todos los elementos del delito, entendido este como una unidad, son estudiados en el momento en que el Juzgador debe resolver la vinculación a proceso en contra del sujeto activo, en la especie, un servidor público.

Para ello, basta que se satisfaga dentro del injusto penal, la relación conducta-tipo, con abstracción de los demás elementos integrantes del delito considerado este como una unidad, como son dentro de la culpabilidad; la imputabilidad, la conciencia de la antijuricidad y la exigibilidad de otra conducta, lo cual nos coloca en la situación de afirmar que doctrinalmente, no puede considerarse que hay delito, sino hasta que la sentencia dictada por el juzgador ha causado ejecutoria y por ende, exista una verdad legal.

Lo anterior, con el objeto de estructurar paso por paso el "tipo penal" del instituto en examen y finalmente, establecer bajo que circunstancias podría imputársele responsabilidad penal al sujeto activo (servidor público) para luego, aplicar la pena correspondiente.

Así, tenemos que de manera indiscriminada y a través de los años los casos de "ausencia de conducta"' han sido tratados por infinidad de autores en lo doctrinal como "elemento negativo de la conducta" o bien en su caso, como "causas de inculpabilidad."

Dentro de la Doctrina Clásica del Derecho Penal, se han manejado como supuestos de "ausencia de conducta" los conceptos de vis absoluta o fuerza física exterior irresistible, la vis maior, los movimientos reflejos, el sueño, el hipnotismo y por último el sonambulismo.

Sólo para efectos de sistematización se abordará el estudio de las llamadas "causas excluyentes de responsabilidad penal" calificadas como causas de exclusión del delito tal y como está descritas en el Código Penal Federal posterior a la satisfacción de la conducta como elemento del injusto penal y que de dicho análisis dependerá como resultado, la antijuricidad de aquélla, elemento diverso que es materia de examen en las páginas siguientes.

Debe destacarse que las llamadas "causas excluyentes de responsabilidad penal", que por muchos años fueron calificadas por la Doctrina y Jurisprudencia como causas de justificación, han sido algunas derogadas y las subsistentes, catalogadas actualmente como "Causas de exclusión del delito" contenidas en el artículo 15 del Código Penal Federal.

Al respecto, se reproduce el criterio sostenido por SERGIO VELA TREVIÑO en su obra titulada "Antijuricidad y Justificación", página 159 que recogía todavía a las llamadas "Causas excluyentes de responsabilidad penal".

> "...los aspectos negativos de la antijuricidad han sido, doctrinaria y jurisprudencialmente, denominadas con gran frecuencia como causas de justificación. La conducta que no es antijurídica no necesita justificarse; quien no lesiona ningún interés jurídico o quien lesiona algún interés jurídico al obrar conforme a derecho no efectúa una conducta que deba ser legitimada."

> "...Acreditada que sea la conducta como elemento primario, se obtiene enseguida su relevancia en el campo privativo del Derecho Penal mediante el proceso de adecuación de ella a un tipo legal; si es posible esa adecuación, porque el tipo existe y todas sus características son identificables con la conducta, se habrá satisfecho el segundo elemento del delito, o sea, la tipicidad"

Con la evolución y modificaciones que ha sufrido el Derecho Penal a través de los años, tenemos que parte de las llamadas "causas de justificación o excluyentes de responsabilidad penal", ahora llamadas Causas de exclusión del delito han desaparecido de nuestro Código Penal y si bien es cierto no son enunciadas actualmente de manera expresa como lo es en el caso concreto, la obediencia jerárquica de hecho, podría operar en la etapa procesal correspondiente, en favor del sujeto activo.

Tal consideración, encuentra apoyo y fundamento legal en lo ordenado en el artículo 15 fracción I del Código Penal Federal, que contempla como Causas de exclusión del delito que: "El hecho se realice sin intervención de la voluntad del agente", lo que permite la adecuación de dicho instituto, en el supuesto contenido en tal precepto.

Con el objeto de ilustrar dicha observación, se destaca que la llamada doctrinalmente como vis absoluta se entendía como aquella fuerza física irresistible en la que el sujeto activo era obligado o forzado a efectuar una conducta ilícita no querida ya no existe en la Legislación Penal porque fue reformada por el artículo Primero del Decreto Presidencial del 16 de diciembre de 1985, publicado en el Diario Oficial de 23 del mismo mes y año.

Lo mismo acontece con los demás institutos que fueron enunciados con anterioridad y que operan como "causas de ausencia de conducta" (la vis maior, los actos reflejados, el sueño, el hipnotismo así como el sonambulismo) de lo cual basta la llana lectura que se efectúe sobre el artículo en cita para percatarse de ello.

Dadas las características con que vistió el Legislador Federal al instituto de la concusión, tenemos que aquellas causas que puedan ser consideradas como circunstancias que excluyen del delito al sujeto activo como al copartícipe en su caso, serán abordadas en un punto diverso ya que es menester el integrar paso por paso, todos y cada uno de los elementos del delito en la concusión, entendido este como una unidad así como las circunstancias que pueden impedir dicha integración.

3.10. La tipicidad como elemento del injusto penal.

Por "tipicidad" [90] debemos entender "... cuando una conducta determinada se adecúa a la hipótesis legal." Así, la relación lógica que existe entre los elementos del delito, no es haber de la casualidad ya que en base a dicha relación, surgirán ciertas consecuencias jurídicas, que permiten la ilación de los elementos integradores en el instituto del delito, entendido este como una unidad toda vez que a falta de uno de ellos, la conducta devendrá en atípica.

Bajo otra perspectiva: "Cuando llega el momento en que si se tiene que resolver acerca de la antijuricidad, es porque en forma previa ha quedado comprobado la existencia de una conducta típica.[91]

La corriente procesal preponderante en la actualidad, con respecto a la Tipicidad dentro del injusto penal como elemento del delito, se basa en sostener que la misma "es indicio de la antijuricidad más no esencia de la misma."
Lo anterior equivale a decir, "Que toda conducta típica es también antijurídica, afirmación que vale siempre que no existe una causa que vuelva jurídica esa conducta típica o, lo que es igual que no haya causa de conclusión de lo injusto de la conducto aparentemente antijurídica, ya que la antijuricidad no resulta de la simple adecuación al tipo por parte de la conducta, sino de la violación al orden jurídico como conjunto." [92]

Debe resaltarse que dicha postura doctrinal es recogida y aplicada en la practica por nuestro Derecho Penal Mexicano toda vez que la H. Suprema Corte de Justicia de la Nación se ha pronunciado acorde al considerar a la tipicidad como indicio de antijuricidad y no como esencia de la misma, de la siguiente manera:

> "TIPICIDAD.- El tipo delictivo es indicio de antijuricidad, más no fundamento de la culpabilidad. A.D. 751/60. Simón Santulón Solazar. 29 de marzo de 1960. Unanimidad de cuatro votos. Ponente: ministro
> Juan José González Bustamante."

Así, "...La presunción de antijuricidad, o el indicio de estar ante una conducta típica y antijurídica, resulta de la simple tipicidad, sabiendo, desde luego, que la antijuricidad debe ser plena, para efectos del delito y ello puede presentarse solo cuando el juzgador así lo resuelve.[93]

En este orden de ideas, por lo que respecta al instituto de la concusión, no podremos sostener que dentro del injusto penal se está ante una conducta típica y antijurídica en tanto no se examine si existe a favor del concesionario, alguna de las causas que lo excluyan de responsabilidad penal (contenidas en el art. 15 Código Penal Federal y que serán abordadas en el apartado siguiente).

Sólo entonces podrá integrarse dentro del injusto penal el tercero de sus elementos, es decir, la antijuricidad de la conducta típica, entendiéndola como contradictoria entre la norma y el orden jurídico en general. De esa manera, procesalmente el Juzgador podrá con posterioridad en el desarrollo de un proceso penal analizar plenamente aspectos de carácter subjetivo en la comisión de la conducta típica para integrar dentro de la culpabilidad, los demás elementos del delito

---

[90] JIMÉNEZ Huerta, Mariano. "Derecho Penal Mexicano". Editorial Porrúa, México, D.F. p. 183.
[91] VELA, Treviño, S. "Antijuricidad y justificación". Editorial Trillas. México, D.F. 1986.
[92] VELA, Treviño, S. "Antijuricidad y justificación". Editorial Trillas. México, D.F. 1986. P. 48.
[93] Idem. P. 20.

entendido este como una unidad, es decir, la imputabilidad, la conciencia de la antijuricidad y finalmente la exigibilidad de otra conducta.

Con lo anterior, se destaca que se analizará paso por paso la debida integración de cada uno de los elementos del delito, que son necesarios para dar vida al instituto de la concusión ya que a falta de uno de ellos, la conducta devendrá como irrelevante para el Derecho Penal.

Bastará saber en este punto que una vez que la conducta reprimida en el tipo legal (exigencia) ha quedado consumada y agotada y la misma, se adecúe a la descripción en abstracto (el servidor público... y a título de... exige... por si o por medio de otro...dinero, valores, servicios o cualquier otra cosa que sepa no ser debida o en mayor cantidad que la señalada por la Ley), entonces procesalmente podrá sostenerse que la conducta desplegada es típica más no antijurídica ya que puede darse el caso que opere en favor del concusionario, una de las "Causas excluyentes de delito".

Para que se satisfaga dentro del injusto penal el elemento de la tipicidad de la conducta desplegada por el servidor público en la concusión, tenemos que se requiere:

A) Que el servidor público, con el carácter de tal, realice la conducta reprimida en el tipo, es decir, la exigencia ilegal;

B) Que la exigencia se efectúe en primer lugar, a título de impuesto, contribución, recargo, renta, rédito, (conceptos de naturaleza u origen fiscal) o bien, como segundo supuesto, a título de salario o emolumento (conceptos no de naturaleza fiscal);

C) Que la exigencia se haga por sí o por medio de otro;

D) Que lo exigido sea dinero, valores, servicios o cualquier otra cosa;

E) Que el servidor público sepa que lo exigido no sea debido como sinónimo de adeudo, o en cantidad mayor que lo señalado por la Ley.

De lo anterior, se desprende con meridiana claridad que el bien jurídicamente tutelado en la concusión, es el patrimonio de los particulares así como el correcto funcionamiento de la administración pública.

Debe recordarse que dado el "principio de exacta aplicación de La ley" en materia penal, contenido en el artículo 14 Constitucional párrafo tercero, al no encuadrar la conducta desplegada por el agente sujeto activo en alguno de los elementos señalados en el tipo legal de la concusión, devendrá en atípica, con lo que no podrá integrarse dentro del injusto penal el segundo de los elementos en el instituto del delito, es decir, la tipicidad.

Una vez agotado dentro del injusto penal el elemento de la "tipicidad" en la concusión así como las causas que pueden impedir su integración, pasaremos a analizar el referente al elemento positivo de la antijuricidad así como su aspecto negativo, esto es, las causas "excluyentes de responsabilidad penal", ahora llamadas por el Legislador como causas excluyentes del delito que podrían operar en favor del concusionario.

3.11. La antijuricidad como elemento del injusto penal.

La antijuricidad como tal, la debemos entender como la discordancia resultante entre la conducta desplegada y lo ordenado por la norma legal en su conjunto.

Quedó claro anteriormente que una conducta puede ser típica cuando se adecúa a la descripción en abstracto contenida en el tipo, "...sin embargo no será suficiente la adecuación de la conducta al tipo para la debida integración del delito, sino que se requiere además que la conducta típica tenga el atributo de ser contraria al derecho o lo que es igual, de ser antijurídica. La conducta típica, indiciaria de ser antijurídica, podrá ser tenida como antijurídica, con plenitud de alcances, cuando no pueda afectarla una causa determinada de ausencia de antijuricidad, también denominada "causa de justificación" [94]

SERGIO VELA TREVIÑO [95] explicó claramente que un hecho es irrelevante para el Derecho Penal en tanto no puede encuadrarse la conducta desplegada por el sujeto activo, con los elementos del delito, entendido este como una unidad, bajo el siguiente razonamiento:

"El hecho que produce el resultado contradictorio con el derecho es incoloro e irrelevante para el derecho penal, hasta en tanto no se pueda asociarlo lógica y jurídicamente con los elementos del concepto del delito. Así, cuando el hecho lesivo puede ser considerado como conducta y además como conducta típica, se estará ya en el camino que conduce a la posible existencia de un delito; sin embargo, al llegar al paso relativo a la antijuricidad, necesariamente debe considerarse que no toda conducta típica es antijurídica, como ocurre claramente en los casos de homicidio o ejecutados en legítima defensa, en los cuales es muy obvio que al haber conducta típica; esta es conforme con el derecho y no contradictoria con él, lo cual significa que no podrá haber delito en esos casos, no obstante que el hecho, en sí mismo, es lesivo para un bien jurídicamente protegido."

En la perpetración del instituto en estudio no es suficiente que el "servidor público", por sí o por medio de otro, "exija" algo indebido o en mayor cantidad que la señalada por la ley, para considerar a dicha conducta como antijurídica toda vez que procesalmente es necesario determinar si operaría o no, alguna de las causas excluyentes de delito a favor del concesionario para así poder integrar debidamente dentro del injusto penal, la antijuricidad de la conducta reprimida en el tipo legal.

En el Derecho Penal Mexicano la H. Suprema Corte de Justicia de la Nación ha sostenido tal postura, de la siguiente manera:

> "TIPICIDAD. El tipo delictivo es indicio de antijuricidad, más no fundamento de la culpabilidad. A.D. 751/60. Simón Santulón Solazar. 29 de marzo de 1960. Unanimidad de cuatro votos. Ponente: ministro Juan José González Bustamante."

Ahora bien, para determinar en que condiciones se integra debidamente el elemento de la antijuricidad en la concusión, debemos destacar que "... la tipicidad es determinada por el juzgador cuando conoce de una conducta particular y concreta y la encuentra a la hipótesis general y abstracta del tipo.[96]

---

[94] VELA, Treviño, S. "Antijuricidad y justificación". Editorial Trillas. México, D.F. 1986. P. 53.

[95] VELA, Treviño, S. "Antijuricidad y justificación". Editorial Trillas. México, D.F. 1986. P. 211.
[96] Idem. P. 212.

Por lo tanto, sólo se analiza aquella Causa excluyente de delito que podría operar en el delito de la concusión toda vez que el referir a todas y cada una de ellas, implicaría una extensión innecesaria que no es materia de examen en este libro.

De las causas excluyentes de delito contenidas en el artículo 15 del Código Penal Federal, sólo se abordará la contenida en la fracción I que recoge la siguiente disposición:

> "ARTICULO 15.- El delito se excluye cuando: I.- El hecho se realice sin intervención de la voluntad de la gente;"

De la lectura que se efectúe sobre todas y cada una de las diez fracciones que comprende el artículo invocado y tomando en consideración las características que distinguen al tipo penal federal de la concusión, es válido el sostener que la única Causa excluyente de delito que podría operar en favor de un sujeto involucrado en la concusión (servidor público) es la contenida en la fracción I..

Aquélla, se refiere a la "actividad o inactividad involuntarias" (que comprenden todas aquellas causas conocidas como de "ausencia de conducta") y que no fueron abordadas en el primer punto del presente capítulo así como la "obediencia jerárquica", toda vez que aunque procesalmente el Código Penal Federal ya no las incluye en la actualidad como causas excluyentes de delito por incurrir el sujeto participante en "actividad o inactividad involuntarias", pueden encuadrar en la fracción I de dicho precepto, al realizarse sin intervención de la voluntad del agente.

3.12. Causas excluyentes de delito por actividad o inactividad involuntarias.

Al hacer referencia a la excluyente de delito contenida en la fracción I del artículo en cita (por "actividad o inactividad involuntarias" ahora denominada sin intervención de la voluntad del agente) debe recordarse que la conducta reprimida en el tipo legal de la concusión (la exigencia ilícita) solo puede desplegarse mediante una actividad del sujeto activo, con lo que sería inconcebible el pensar que se exigiera algo indebido mediante una abstención y menos aún, bajo las características a cuyo título debe ser formulada la exigencia.

Nuestro Código Penal Federal contempla en el artículo 15 fracción I todas y cada una de las especies de "ausencia de conducta" como se les conoce en la Doctrina Penal que no fueron abordadas deliberadamente como aspecto negativo de la conducta, tomando en consideración que en el cuerpo normativo en mención, aquéllas son tratadas actualmente como "causas excluyentes de delito."

Dentro de dichas especies figuran de manera tradicional en la Doctrina: la vis absoluta o fuerza mayor, la vis relativa o fuerza menor, el sonambulismo, el hipnotismo, el sueño y por último, los actos reflejos.

Ahora bien, todas y cada una de las especies de ausencia de conducta referidas tienen como denominador común, el afectar el elemento volitivo en la conducta desplegada por el sujeto activo, es decir, aquélla, "no es una acción humana en el sentido valorativo del Derecho, por no existir la manifestación de voluntad."

En el tipo legal de la concusión claramente se establece: "Comete el delito de concusión el servidor público, que con el carácter de tal y a título de... exija... por sí o por medio de otro... o cualquier otra cosa que sepa no ser debida o en mayor cantidad que la señalada por le ley."

De lo anterior podría desprenderse en un primer planteamiento que el sujeto activo conoce con anticipación la ilicitud de la exigencia a formular ya que esta es "indebida o en mayor cantidad que la señalada por la ley", de lo que podría concluirse categóricamente que el sujeto activo (cuando formula la exigencia) tiene pleno conocimiento de que la conducta reprimida en el tipo (exigencia) y el objeto de ella, son ilegales.

A continuación se reproduce parcialmente uno de los contados criterios históricos sustentados por Tribunales Federales sobre el delito que nos ocupa. En este caso, por la H. Suprema Corte de Justicia de la Nación, visible a fojas 3029 del Tomo LXXVI, Quinta Época, del Apéndice al Semanario Judicial de la Federación, en el año de 1943, en el que se aborda al instituto de la concusión de acuerdo al tipo penal estatal vigente en ese año en el Estado de Durango, que aunque no estaba revestido con los mismos elementos que el tipo penal federal, nos sirve inicialmente con carácter ilustrativo:

> "CONCUSIÓN, DELITO DE, LEGISLACIÓN DE DURANGO."
> "De la definición que del delito de concusión da el artículo 191 del Código Penal del Estado de Durango, se desprende que son requisitos configurativos de este delito: A) El desempeño de un servicio público con cuyo carácter se realice la exacción de dinero, no permitida legalmente: B) La percepción de dinero, valores, servicios, o cualquiera otra cosa, exigida por el propio infractor, o por interpósita persona, bajo alguno de los conceptos que el citado artículo enumera y C) QUE EL DELINCUENTE SEPA QUE INDEBIDAMENTE EXIGE DICHA PERCEPCIÓN..."
>
> "NOTA: Esta tesis se refiere al artículo 191 del Código Penal del Estado de Durango, vigente en el año en que se promovió el amparo respectivo."

Así podría afirmarse como alejado de la realidad que un "servidor público" con el carácter de tal y "... a título de ... exija ... dineros, valores, servicios o cualquier otra cosa que sepa no ser debida o en mayor cantidad que la señalada por la ley", sin el conocimiento previo de la ilicitud de la exigencia en cuestión y que dicha conducta fuese producto de "actos reflejos", "vis relativa" (que proviene de la naturaleza), "el sueño", "el sonambulismo" o "el hipnotismo."

Lo anterior, en consideración de que el tipo penal federal que contiene a la concusión está revestido de una compleja redacción legal, que provoca que atento al "principio de exacta aplicación de la ley en materia penal", la conducta desplegada deba adecuarse al tipo en cuestión de lo contrario, devendrá en atípica toda vez que resulta difícil de concebir que precisamente bajo el influjo de alguna de las "especies de conducta" citadas previamente, el servidor público formule y dirija la exigencia ilícita a cualquiera de los objetos materiales precisados en el tipo (dinero, valores, servicios o cualquier otra cosa).

Aunado a ello, que finalmente la exigencia formulada cumpla exactamente con las características precisadas a cuyo título debe ser formulada la exigencia en el tipo penal que contiene a la concusión (impuesto o contribución, recargo, renta, rédito, salario o emolumento) ya que por su propia estructura, en el caso del servidor público o concesionario, "Basta más bien, que tenga conocimiento de la especial significación y función que poseen en la vida social los hechos designados con tales conceptos, en lo que también se basa su estimación jurídica en la ley. La estimación social de las circunstancias del hecho, realizado por el autor, debe guardar paralelismo con la jurídica hecha por la ley. Se habla a este respecto, más acertadamente de un juicio paralelo en la conciencia del autor".[97]

En ese orden de ideas, es lógico el sostener que en el remoto supuesto de la "vis absoluta o fuerza externa" proveniente de un ser humano diverso que influya en la voluntad del "servidor público", provocaría el que estuviéramos ante una "causa excluyente de delito" por "obediencia jerárquica" como se le conoce todavía doctrinalmente, que ya fue derogada del artículo 15 del Código Penal Federal.

Sin embargo, podría operar la causa excluyente de delito señalada en la fracción I de dicho precepto referente a que el hecho se realice sin intervención de la voluntad del agente, puesto que puede encuadrar en el injusto penal en el campo de la antijuricidad como en el de la culpabilidad, situaciones que serán agotadas más adelante..

3.13. La obediencia jerárquica como causa excluyente de delito.

Con anterioridad se sostuvo que si el servidor público efectuara una exigencia ilícita bajo el influjo de una "vis absoluta o fuerza externa" operaría en su favor como "causa excluyente de delito", enfocándola indirectamente en la amplitud ofrecida por el Legislador bajo la fracción I del artículo 15 del Código Penal Federal, al señalar que "el hecho se realice sin intervención de la voluntad del agente."

En este punto, solo se estudiará como afectaría dentro del injusto penal dicha causa excluyente de delito al elemento de la antijuricidad en el caso concreto de la concusión.

De acuerdo a como ordenaba el anterior artículo 15, fracción VII del Ordenamiento Represivo en cita, 'la obediencia jerárquica" quedaba excluida conforme a Derecho por la comisión de un delito por: "Obedecer a un superior legítimo en el orden jerárquico, aún cuando su mandato constituya un delito, si esta circunstancia no es notoria ni se prueba que el acusado la conocía."

Al efectuar una interpretación del contenido de dicho precepto y de acuerdo a la sistemática aportada por el jurista mexicano CELESTINO PORTE PETIT CANDAUDAP [98] surgían las siguientes hipótesis:

"a) Obedecer a un superior legítimo en el orden jerárquico con relación a un mandato legítimo, y "

b) Obedecer a un superior legitimo con relación a un mandato que constituya delito, si esta circunstancia no es notoria ni se prueba que el inferior la conocía ".

---

[97] WELZEL, Hans. "Derecho Penal Alemán". Editorial Jurídica de Chile. 4ª. Edición. 1977. Traducción de Bustos Ramírez Juan y Yáñez Pérez Sergio. P. 211.
[98] PORTE, Petit Candaudap, Celestino. "Programa de la Parte General de Derecho Penal". Editorial Trillas. México, D.F. 1990. P. 704.

> "En la primera hipótesis no existe ningún aspecto negativo del delito, por ser lícita la orden. La segunda hipótesis funciona mediante dos condiciones:"
>
> "a) Que la circunstancia a que laude la ley no sea notoria, y"
>
> "b) Que no se pruebe que el acusado la conocía".
> "En este caso nos hallamos, por la existencia del error, ante una causa de inculpabilidad".

Al hablar de "obediencia jerárquica" debía establecerse que existía una obligación de una persona frente a otra en el cumplimiento de ciertas tareas, es decir, de "un deber" establecido y por ende; reconocido por la ley, en virtud de la relación laboral y posición que guardaban dos personas, una frente a otra.

Así, se decía que "todo deber impuesto por la norma es deber de alguien, o sea, tiene que existir un sujeto que se encuentre obligado por la norma a cumplir con el deber que le corresponde y ese sujeto, llamado obligado, debe realizar (o evitar) la conducta ordenada (o prohibida) por el precepto de que se trate." [99]

En el caso concreto debe de dejarse claro que la eximente de responsabilidad penal en comento, solo operaba en aquellos casos en que se satisfacían los requisitos establecidos por la propia ley, entre los cuales figuraba la legitimidad de la relación superior-inferior y que la obediencia versara sobre tareas específicas a las cuales el inferior está obligado a acatar.

Tal postura doctrinal fue sostenida por nuestro más alto Tribunal de Justicia, la H. Suprema Corte de Justicia de la Nación, bajo la Ejecutoria y Jurisprudencia que a continuación se reproducen:

> "OBEDIENCIA JERÁRQUICA, LIMITES DE LA.- El deber de obedecer tiene su límite en la ley penal; de manera que un acto por el cual el obligado incurriese en delito no puede estar jamás comprendido en la obligación de servir; por tanto, no es posible una orden jerárquica de tal contenido."
> "Semanario Judicial de la Federación, Sexta Época, Segunda Parle, Val. LX, pág. 35. A.D. 5963/61. Alfonso Hernández Martínez y coagraviados. Unanimidad de cuatro votos."
>
> "OBEDIENCIA A UN SUPERIOR LEGITIMO, EXCLUYENTE DE.- Cuando el cumplimiento de la orden del superior legítimo implique la ejecución de actos que en forma notoria constituyan delito, la obediencia del inferior jerárquico no exime a éste de responsabilidad penal, en razón de que aquella solo constituye la causa de justificación prevista en la ley, como excluyente de responsabilidad, cuando la dependencia jerárquica entre el superior que manda y el inferior que obedece sea de carácter oficial."
> "Quinta Época: Suplemento de 1956, pág. 247. A.D. 3616/50. Pablo Zambrano García. Unanimidad de cuatro votos.
> Suplemento de 1959, pág. 247. A.D. 2674/50. Feliciano Maclas Pérez. Unanimidad de cuatro votos.
> Tomo CXXIV, pág. 894. A.D. 4252/53.
> Tomo CXXV, pág. 915. A.D. 2494/54.

---

[99] VELA, Treviño, S. Op. Cit. P. 212.

Sexta Época, Segunda parte: Vol. VI, pág. 45. A.D. 4790/56. Román Vázquez Flores, unanimidad de cuatro votos.
Apéndice de Jurisprudencia de 1917 a ¡965. Tesis 193, pág. 385, Sección Primera, vol. Penal, Primera Sala. "

En virtud de los criterios citados queda claro que no en todos los casos podría operar la eximente de responsabilidad penal que nos ocupa ya que sería necesario satisfacer los lineamientos establecidos en la propia ley, por una parte; que la relación superior-inferior fuese legítima, es decir, "... ésta tiene su origen básico en esa situación legalmente establecida, por lo que unos tienen el derecho de mando y otros el deber de obediencia.[100] Y segundo; la existencia de una orden jerárquica por parte del superior al inferior.

No obstante lo anterior, se abordará a nivel doctrinal exclusivamente el estudio de la eximente de responsabilidad penal ahora catalogada como "Causa excluyente de delito" referente a "la obediencia jerárquica", que podría encuadrar en la fracción I del artículo 15 del Código Penal Federal, como que el hecho se realice sin intervención de la voluntad del agente y solo cubriendo los requisitos establecidos en la propia ley.

A nivel doctrinal, el instituto de la "obediencia jerárquica" cuenta con los siguientes elementos:

a) La existencia de un orden jerárquico legalmente reconocido.

b) Existencia de una orden del superior al inferior jerárquico.

c) Ilicitud de la orden cumplida por el inferior.

d) Carencia de poder de inspección de parte del inferior. [101]

a) La existencia de un orden jerárquico legalmente reconocido.- Al abordar el primero de los elementos en cita, la H. Suprema Corte de Justicia de la Nación se ha expresado al respecto, con la siguiente Ejecutoria:

"El historial de la fracción VII del artículo 15 del Código Penal para el Distrito Federal y Territorios Federales indica que solo es aplicable a casos en que tanto el que ordena como el que obedece tienen un cargo oficial, esto es, integran el poder público; prueba de ello es que cuando se discutía tal disposición, los partidarios de la obediencia ciega veían el peligro de que la ley penal quedase al arbitrio de las autoridades gubernativas, en tanto que los partidarios de la resistencia del inferior atendían al peligro de que cuando se destruyeran las jerarquías, imposibilitando así el ejercicio del poder público. Por esto, no concurre esta causa de justificación cuando un recluso, obedeciendo a otro recluso, comete un delito, porque ninguno de ellos está investido dé autoridad.
Boletín de Información Judicial, Tomo IX, pág. 555-556."

---

[100] VELA, Treviño, S. "Antijuricidad y justificación". Editorial Trillas. México, D.F. 1986. P. 214.

[101] En los incisos a, b, c y d, se utilizó la sistemática aportada por Sergio Vela Treviño, en su obra "Antijuricidad y Justificación" al abordar el estudio de la obediencia jerárquica como causa excluyente de responsabilidad y se adaptó, para fines didácticos y de exposición.

De igual forma, nuestro más alto Tribunal de Justicia ha sostenido la siguiente Tesis Jurisprudencial:

> "Solo constituye la causa de justificación prevista en la ley, como excluyente de responsabilidad, cuando la dependencia jerárquica entre el sujeto que manda y el inferior que obedece sea de carácter oficial."
> "Apéndice de Jurisprudencia de 1917-1965, Pág. 385. Sección Primera, Primera Sala, número 193."

Queda claro hasta este punto que en la concusión la excluyente de responsabilidad penal en estudio solo operaría cuando la relación jerárquica entre el sujeto activo que idea la formulación de la exigencia ilícita y el agente material que la lleva a efecto como copartícipe, es de carácter oficial (en el caso específico, cuando el "servidor público... exige... por medio de otro") es decir, previamente establecida y reconocida en la ley. De no satisfacerse dicho requisito está claro que no podrá darse conforme a Derecho, la operancia de la excluyente de delito en cuestión, al referirse a que el hecho se realice sin la intervención de la voluntad del agente y que a nuestro sentir, encuadraría en la fracción I del artículo 15 del Código Penal Federal ya que se trata de una actividad involuntaria a la cual se vería compelido el inferior jerárquico toda vez que no existiría una relación superior-inferior legítima y reconocida en la ley.

b) Existencia de una orden del superior al inferior jerárquico.- Ahora bien, por lo que respecta a la orden recibida por el inferior de la relación jerárquica; deriva de la misma relación existente entre ambos (es decir, entre el "servidor público" que ordena y el sujeto material que cumple con la orden de aquél) toda vez que el inferior está obligado a obedecer y el otro, tiene las facultades conforme a Derecho para dar órdenes.

c) Ilicitud de la orden cumplida por el inferior.- En este inciso, deberá de precisarse que aún estando obligado el inferior a acatar la orden dada por el superior, no en todos los casos la orden dada por el superior de la relación jerárquica será apegada a Derecho o lo que es lo mismo, que ésta se limite a los parámetros establecidos en la misma ley y dentro de los cuales, aquel está obligado a conducirse al dar órdenes a sus inferiores.
En el caso concreto, de no hacerlo (cuando dicha orden sea ilícita en su contenido) deberá de determinarse si al sujeto que recibe y cumple la orden (el exigir ilícitamente) se le puede imputar responsabilidad alguna en la perpetración del instituto de la concusión.

Una vez que el sujeto recibe y cumple la orden ilícita, efectúa la conducta reprimida en el tipo, está claro que al hablar sobre la "obediencia jerárquica" como excluyente de delito, al amparo de la fracción I del artículo 15 del Código Penal Federal, por tratarse de un hecho donde no interviene la voluntad del. Agente, no interfiere en la integración de la relación conducta-tipo al efectuar el mandato dado por el superior.

Sin embargo, debe de recalcarse que el superior jerárquico no está investido para dar órdenes a voluntad propia, es decir, está limitado a que dichas órdenes estén vinculadas exclusivamente dentro del ámbito competencial que la ley le atribuye, de lo contrario, la orden que disponga aquél será ilícita y sobre todo si esta fuese encaminada a obtener un beneficio ilícito o en mayor cantidad de lo señalado por la ley, en perjuicio de un tercero, el particular y de la propia administración pública.

Una vez aclarado lo anterior, debe establecerse si el sujeto material que recibe y cumple la orden ilícita en su contenido está facultado para revisar el contenido de dicha orden y en caso de tener conocimiento del mismo, puede o no ser responsable por la comisión del delito de concusión.

d) Carencia de poder de inspección de parte del inferior.- Por poder de inspección debe entenderse: "la facultad que tiene el inferior para verificar la obligatoriedad de cumplir a su cargo la orden dada." [102]

No obstante que el inferior tenga o no la facultad para revisar el contenido de la orden dada por su superior (lícita o ilícita) debe de recordarse que está obligado a obedecer dicha orden por la propia ley, ya que existe una relación jerárquica previamente establecida y reconocida por un ordenamiento jurídico.

Ahora bien, si la orden recibida por el inferior jerárquico es ilícita y éste lo sabe y la cumple está amparado por una eximente de responsabilidad penal ya que ha obedecido una orden dada por quien está investido de las facultades necesarias para ello, pero no por esto, será el primero responsable de la conducta reprimida en el tipo toda vez que actuó conforme a Derecho, es decir, al haber efectuado un hecho sin que hubiese intervenido su voluntad por estar constreñido a formular la exigencia ilegal, operaría en su favor lo ordenado en la excluyente de delito en comento.

Dicho criterio doctrinal, ha sido sostenido en la práctica por la H. Suprema Corte de Justicia de la Nación al pronunciar la siguiente Jurisprudencia:

> "OBEDIENCIA A UN SUPERIOR LEGITIMO, EXCLUYENTE DE.- Cuando el cumplimiento de la orden del superior legítimo implique la ejecución de actos que en forma notoria constituyan delito, la obediencia del inferior jerárquico no exime a éste de responsabilidad penal, en razón de que aquella solo constituye la causa de justificación prevista en la ley, como excluyente de responsabilidad, cuando la dependencia jerárquica entre el superior que manda y el inferior que obedece sea de carácter oficial."
>
> "Quinta Época: Suplemento de 1956, pág. 247, A.D. 3616/50. Pablo Zambrano García. Unanimidad de cuatro votos.
> Suplemento de 1959, pág. 247, A.D. 2874/50. Feliciano Macis Pérez. Unanimidad de cuatro votos.
> Tomo CXXIV, pág. 894, A.D. 4252/53.
> Tomo CXXV, pág. 915, A.D. 2494/54.
> Sexta Época, Segunda Parte: Vol. VI, pág. 45, A.D. 4790/56 Román Vázquez Flores. Unanimidad de cuatro votos.
> Apéndice de jurisprudencia de 1911 a 1965. Tesis 193, pág. 3S5, Sección Primera, Vol. Penal, Primera Sala."

En cuanto al exceso de atribuciones cometidas por un superior jerárquico o que no le corresponden y cuyas órdenes son cumplidas por los inferiores jerárquicos, cabe señalar que no en todos los casos operaría la excluyente de delito citada, toda vez que dependerá de las características específicas de cada caso concreto y del criterio que sustente el Juzgador al considerar si los sujetos involucrados se encuentran dentro de los parámetros establecidos para dicho instituto.

---

[102] VELA, Treviño, S. Op. cit. P. 221.

Nuestro más alto Tribunal de Justicia se ha pronunciado de la siguiente manera:

> "OBEDIENCIA JERÁRQUICA, COMO EXCLUYENTE Y COMO ATENUANTE DE RESPONSABILIDAD (Legislación de Veracruz).- Existiendo relación jerárquica entre los policías con su jefe, si este impone la detención arbitraria de dos individuos y posteriormente ordena su colgamiento sin mediar acusación, juicio, defensa y sentencia condenatoria de autoridad competente, los subalternos que acatan el mandamiento se ubican fuera de la eximente por su notoria ilicitud al encontrarse abolida en la entidad la pena de muerte; empero, ante la limitación de voluntad de los policías por su dependencia jerárquica, no se hicieron acreedores a igual sanción que su jefe, toda vez que este valido de su cargo, se sirvió de los policías bajo su mando como instrumento, aunque conscientes, para alcanzar el propósito delictuoso y esta circunstancia debió normar el arbitrio del juzgador para atemperar la pena a los subordinados."

> "A.D. 3878/1958. Natalio Luna Reyes y Román. Resuelto el 10 de febrero de 1959. Cuatro votos."
> "Boletín de Información Judicial, 1959, Primera Sala, pág. 149."

Hasta aquí queda claro que si bien es cierto existe una relación jerárquica establecida y reconocida por la ley, por la cual está obligado el inferior jerárquico a acatar las órdenes dadas por su superior, aunque impliquen la comisión de un delito teniendo o no conocimiento de ello, no significa que no contravenga una norma ya que al efectuarse, dicha contravención será conforme a Derecho, siempre y cuando, aquélla sea dentro de los parámetros establecidos por la propia ley.

Ahora bien, un aspecto que merece atención para su análisis, es el correspondiente a dar contestación a las siguientes preguntas ¿Podría ser responsable un militar en la comisión del delito de concusión?, ¿Qué alcances tendría el último párrafo del artículo 16 Constitucional con el 218 del Código Penal Federal? y ¿A qué tribunal le correspondería juzgar tal conducta?

De la lectura que se efectúe del artículo 218 del Código Penal Federal que en su parte conducente sanciona que el sujeto activo exija "... o cualquier otra cosa que sepa no ser debida —" y del artículo 16 Constitucional último párrafo que indica "En tiempo de guerra los militares podrán exigir alojamiento, bagajes, alimentos y otras prestaciones, en los términos que establezca la ley marcial correspondiente", tenemos que a nivel doctrinal:

• Son supuestos cuya conducta debe ser efectuada por un servidor público;

• Existe identidad en cuanto al verbo que identifica a la conducta, esto es, exigir;

• En el primero de ellos, se sanciona la exigencia ilícita efectuada por el servidor público, sin determinar el Legislador lo exigido;

• En el segundo supuesto, existe una permisión constitucional que autoriza al servidor público a exigir alojamiento, bagajes, alimentos y otras prestaciones, que tampoco están determinadas expresamente en la Constitución. Para ello, ordena un reenvío a la ley marcial respectiva, siempre y cuando tenga lugar bajo una condición de temporalidad, esto es, en tiempo de guerra y claro está, en los términos que establezca la ley marcial.

• En el primer supuesto, el servidor público debe formular la exigencia ilícita a título de impuesto o contribución, renta o rédito (conceptos de naturaleza fiscal por el cobro doloso de impuestos, entendidos en su acepción general) dirigido a obtener ilegalmente ... o cualquier otra cosa o bien, a título de salario o emolumento (conceptos no de naturaleza fiscal) para la exigencia dolosa de ... cualquier otra cosa...)

• En la hipótesis del militar como servidor público, existe una condición de temporalidad que distingue y limita a la exigencia frente al particular, para obtener "alojamiento, bagajes, alimentos y otras prestaciones" ... esto es sólo en tiempo de guerra, la cual no opera ni forma parte integrante del tipo penal en la concusión.

Ello, es la clave para sostener que solo bajo una condición de temporalidad contenida en la propia Constitución Política puede un servidor público (Militar) exigir alojamiento, alimentos, bagajes y otras prestaciones de acuerdo a la ley marcial correspondiente.

No obstante, persiste la duda ¿Fuera de dicha condición de temporalidad, si un militar en tiempo de paz formula dicha exigencia, entonces es ilegal tal conducta al tenor de lo ordenado en el artículo 218 del Código Penal Federal, al sancionar que el sujeto activo exige ... cualquier otra cosa que sepa no ser debida?

La respuesta es negativa ya que de acuerdo a lo ordenado en el artículo 13 Constitucional "... Subsiste el fuero de guerra para los delitos y faltas contra la disciplina militar; pero los tribunales militares en ningún caso y por ningún motivo, podrán extender su jurisdicción sobre personas que no pertenezcan al Ejército" y de lo ordenado en el párrafo segundo del artículo 6 del Código Penal Federal, "... Cuando una misma materia aparezca regulada por diversas disposiciones, la especial prevalecerá sobre la general," se desprende que en tal supuesto, si un militar exige alojamiento, alimentos, bagajes u otras prestaciones, estaría sujeto a las reglas y disposiciones aplicables del Código Penal Militar y no del Código Penal Federal.

Una vez aclarado lo anterior, a continuación se abordará el estudio del instituto de "la coparticipación" y sus consecuencias dentro del injusto penal, en el campo de la antijuricidad.

3.14. La autoría, la participación o concurso de agentes en la concusión.

Al analizar la autoría y la participación puede sostenerse con certeza que dichas figuras pueden darse en el instituto en estudio, toda vez que de acuerdo al texto del artículo 218 del Código Penal Federal, el sujeto activo (servidor público), ... por si o por medio de otro... "exige"... algo que sabe no ser debido o en mayor cantidad que la señalada por la Ley.

A su vez, los institutos de la autoría y la participación están debidamente regulados en el artículo 13 del Ordenamiento Represivo en mención, que a la letra indica:

"ARTICULO 13.- Son autores partícipes del delito:

I- Los que acuerden o preparen su realización;
II.- Los que lo realicen por sí;
III- Los que lo realicen conjuntamente;

IV.- Los que lo lleven a cabo sirviéndose de otro;
V.- Los que determinen dolosamente a otro a cometerlo;
VI.-Los que dolosamente presten ayuda o auxilien a otro para su comisión;
VII- Los que con posterioridad a su ejecución auxilien al delincuente, en cumplimiento de una promesa anterior al delito, y
VIII.- Los que sin acuerdo previo, intervengan con otros en su comisión, cuando no se pueda precisar el resultado que cada quien produjo."

"Los autores o partícipes a que se refiere el presente artículo responderán cada uno en la medida de su propia culpabilidad."

"Para los sujetos a que se refieren las fracciones VI, VII y VIII, se aplicará la punibilidad dispuesta por el artículo 64 bis de este Código."

De la lectura sobre el artículo en cita se desprende que la coparticipación delictuosa presupone como regla general, el acuerdo de voluntades en la comisión de un delito por los sujetos que intervienen,, hecha excepción de que opere una "causa excluyente de delito" en favor del sujeto material que cumple la orden dada.

Dicho criterio se contiene en la Tesis Jurisprudencial que a la letra indica:

"La participación delictuosa o concurso de agentes en el delito presupone un acuerdo entre los que participan en la realización de la acción típica, de tal manera que existe entre ellos no solo el lazo psíquico de una común intención, sino además el carácter condicional que en la relación causal se requiere para la producción del resultado. Por ello responden no solo los autores (intelectuales y materiales) sino además los cómplices y encubridores (forma esta de participación también recogida en los códigos mexicanos), puesto que la suma de sus actividades conscientemente dirigidas a un fin han producido el resultado aún cuando los primeros ejecuten la acción fundamental y los segundos la accesoria. Con carácter excepcional los códigos recogen con referencia a los delitos de lesiones y homicidio una regla especial de punición para aquellos casos en los que se ignore quien o quienes infirieron la lesión, pero su operancia supone la imposibilidad de determinar el previo acuerdo de la actividad delictiva, ya que de lo contrario operarían las reglas generales de la participación. "
"Amparo directo 7122/958."

De manera complementaria, en el Libro Segundo, Título Décimo, Capítulo I, titulado "Delitos cometidos por servidores públicos", bajo el párrafo segundo del artículo 212 del Código Penal Federal, se establece la responsabilidad penal en que incurre cualquier persona que intervenga en la comisión de los delitos contemplados en el Título Décimo de dicho cuerpo normativo, que es aplicable al delito de la concusión y que a la letra indica: "Se impondrán las mismas sanciones previstas para el delito de que se trate a cualquier persona que participe en la perpetración de alguno de los delitos previstos en este Título o el subsecuente."

Así, se colige que de acuerdo al texto del tipo legal de concusión es válido el sostener que puede darse el caso de que exista una concurrencia de agentes con el mismo fin delictivo, esto es, que el servidor público al través de persona diversa, formule la "exigencia ilícita" ya que en el precepto referido se establece que: "comete el delito de concusión el servidor público que.,, y ... a título de... por si o por medio de otro...exige...", por lo que pueden presentarse las siguientes hipótesis:

• Primera; que existe un acuerdo entre el superior y el inferior jerárquico con el mismo fin delictivo. Bajo este supuesto, es claro que a ambos les serán aplicables las sanciones establecidas en el artículo 218 del Código Penal Federal; y

• En el segundo de los supuestos; puede darse el caso concreto en que el inferior jerárquico haya obedecido una orden dada por su superior, con el conocimiento o no de que la misma está dirigida a un fin ilícito (el formular la exigencia ilícita) y con ello, si dicha obediencia se efectúa bajo los parámetros establecidos en la propia ley, solo entonces, podría operar a su favor la excluyente de delito conocida doctrinalmente como "obediencia jerárquica", que ya fue derogada pero que como ya se dejó asentado con anterioridad, podría encuadrar en la fracción I del artículo 15 del Código Penal Federal, al referirse que "el hecho se realice sin intervención de la voluntad del agente" en atención a las características particulares de cada caso concreto.

En ese orden de ideas creo haber agotado hasta este punto las causas que pueden operar negativamente dentro del injusto penal, en la integración de la antijuricidad en el instituto de la concusión, entendido este como una unidad, que paso por paso se pretende configurar.

Previo a analizar el segundo elemento del delito, es decir, "la culpabilidad", se abordará dentro de este el examen de la imputabilidad como presupuesto de aquélla.

3.15. La imputabilidad como presupuesto y elemento de la culpabilidad.

En este apartado se analizará como presupuesto de la culpabilidad al instituto de la "imputabilidad" ya que figura como requisito esencial de aquélla. De satisfacerse previamente solo entonces podrá entrarse en la culpabilidad al campo de los elementos restantes, es decir, la conciencia de la antijuricidad y la exigibilidad de otra conducta.

En el sistema normativo mexicano son considerados como sujetos imputables aquellos individuos que cuenten con 18 años de edad o mayores ya que conforme a la ley gozan de la facultad de comprensión que requiere conceptualmente la imputabilidad, de lo que se desprende que todos aquellos que sean menores de 18 años de edad, no pueden ser considerados como sujetos imputables.

Dicha consideración doctrinal encontraba fundamento legal en lo ordenado en el entonces artículo 119 del Código Penal Federal, que a la letra indicaba: "Art. 119.- Los menores de dieciocho años que cometan infracciones a las leyes penales serán internados por el tiempo que sea necesario para su corrección educativa", derogado después por el Artículo Tercero Transitorio de la "Ley para el Tratamiento de Menores Infractores, para el Distrito Federal en Materia del Fuero Común y para toda la República en Materia del Fuero Federal, publicada en el Diario Oficial de la Federación del 24 de diciembre de 1991, esta última abrogada por el Artículo Transitorio Segundo de la Ley Nacional del Sistema Integral de Justicia Penal para Adolescentes del 16 de junio de 2016 en la que se establecen medidas menos severas a quienes por minoría de edad están sujetos y tienen derecho a un régimen especial dentro del Derecho Penal, al proteger los derechos de los menores de 18 años de edad.

Al respecto, la H. Suprema Corte de Justicia de la Nación en su momento se pronunció con la siguiente ejecutoria:

"El ámbito de eficacia personal de la ley penal no incluye a los menores de 18 años (edad límite), a quienes solo pueden aplicarse medidas tutelares y educativas, por lo que si a un menor se le sigue juicio por todos sus trámites y se le sentencia condenatoriamente, carece de validez lo actuado, al ser incompetente objetivamente el órgano jurisdiccional que decidió."

"Directo 3398/1955. Francisco Ávila Chávez. Resuelto el 5 de agosto de 1957, por unanimidad de 5 votos. Ponente el Sr. Mtro. Mercado Alarcón. Srio. Lic. Rubén Montes de Oca. Primera Sala. Boletín 1957, pág. 535. "

"TESIS IDÉNTICA A LA ANTERIOR.- Directo 5554/54. Juventino Félix Méndez. Resuelto el 19 de enero de 1957, por unanimidad de 4 votos. Ausente el Sr. Mtro. Franco Sodi. Ponente Mtro. Agustín Mercado Alarcón. Srio. Lic. Rubén Montes de Oca. Primera Sala. Boletín 1957, pág. 77."

Conforme a las observaciones doctrinales vertidas con anterioridad y al criterio sostenido por nuestro más alto Tribunal de Justicia, en el caso concreto de la concusión el "servidor público" debe contar:

a) Con la mayoría de edad para la designación de dicho cargo; y

b) Con la capacidad personal de autodeterminación de su obrar, esto es, un dominio conductual.

Lo anterior, en atención al principio de exacta aplicación de la ley (Artículo 14 Constitucional tercer párrafo) que rige nuestro Derecho Penal, toda vez que los bienes a los cuales se dirige la conducta reprimida en el tipo legal de la concusión, es de carácter ilegal o en mayor cantidad que la señalada en la ley.

Así, es lógico el sostener que en el caso específico de la concusión al desplegarse la conducta reprimida en el tipo, el sujeto activo goza de la facultad de comprensión que requiere la imputabilidad toda vez que la capacidad de autodeterminación de aquél como el conocimiento de las consecuencias antijurídicas de su conducta, se encuentran satisfechos ya que la exigencia se dirige a bienes que son: indebidos o en mayor cantidad que la señalada por la ley con el previo conocimiento de ello.

Por otra parte, resulta contrario a la Lógica que en la praxis una persona inimputable por no comprender la ilicitud del delito en términos de los artículos 414 al 419 del Código Nacional de Procedimientos Penales:

1.- Ocupe el cargo de "servidor público";
2.- Que actúe bajo el influjo de alguno de los padecimientos señalados con anterioridad y que;
3.- Con el carácter de tal (servidor público) "exija" dinero, valores, servicios o cualquier otra cosa que sepa cono ilegal o en mayor cantidad que la señalada en la ley y aún más, que dicha exigencia sea precisamente bajo los títulos que establece el artículo 218 del Código Penal Federal.

Al respecto, se reproduce la siguiente Ejecutoria pronunciada por nuestro más alto Tribunal de Justicia:

"INCONSCIENCIA, ESTADO DE. SISTEMA LEGAL EN TALES CASOS.- Relacionados los preceptos adjetivo y sustantivo federales para el problema, se advierten tres hipótesis:"

"1.- El sujeto debe ser puesto en libertad por haber delinquido en estado de inconsciencia por trastorno mental patológico y transitorio (artículo 15, fracción II del Código Penal). 2.- El sujeto es inimputable penalmente, pero debe recluírsele en un establecimiento especial, si delinquió por falta absoluta de conocimiento (locura, imbecilidad, idiotismo o cualquier otra anomalía semejante) y 3.- Se suspende el procedimiento y se le recluye en el manicomio si enloquece estando en la prisión (artículos 68 y 69)."

"Sin embargo, no basta con que los expertos sostengan que el acusado delinquió bajo el impulsivismo epileptoide con liberación de sus instintos por intoxicación alcohólica, si en primer lugar no se demostró que estuviera en el paroxismo del aura epiléptica y menos aún que se encontraba ebrio en el momento del evento; de ahí que sea correcto aplicarle una sanción privativa de libertad en lugar de una medida de seguridad, al haber tenido conciencia de la antijuricidad de su conducta."

"Directo 2186/1950. Leopoldo Rodríguez Espinosa. Resuelto el 5 de agosto de 1957, por unanimidad de 5 votos. Ponente el Sr. Miro. Mercado Alarcón. Srio. Lic. Rubén Montes de Oca."
"Primera Sala. Boletín 1957, pág. 533."

Cabe señalar que en el sistema normativo mexicano el establecimiento de las sanciones aplicables a los Inimputables por minoría de edad, por la comisión de algún hecho relevante para el Derecho Penal estaba regulada en la "Ley para el Tratamiento de Menores Infractores, para el Distrito Federal en Materia del Fuero Común y para toda la República en Materia del Fuero Federal", que después fue abrogada por la "Ley Nacional del Sistema Integral de Justicia Penal para Adolescentes" publicada en el Diario Oficial de la Federación el 16 de junio de 2016.

3.16. La culpabilidad y sus elementos; la conciencia de la antijuricidad y la exigencia de otra conducta.

Para efectos de la culpabilidad, la reprochabilidad de la conducta tiene lugar cuando el Juzgador tiene que resolver un caso práctico, debiendo determinar si a aquél le era exigible normativamente, un comportamiento diferente del que concretó.

En el caso de la concusión el tipo legal en el artículo 218 del Código Penal Federal establece que será merecedor de las penas señaladas en tal precepto, el servidor público que "exija" algo indebido o en mayor cantidad que la señalada en la ley y siendo la exacción ilegal una conducta que lesiona un interés jurídicamente tutelado por la norma, es exigible para dicho servidor público la realización de una conducta diferente, o sea que no produzca un resultado consistente en la "exigencia ilegal."

En páginas anteriores se dejó claro que para estar en condiciones de analizar dentro del delito a la culpabilidad, es menester que se esté ante un sujeto imputable o lo que es lo mismo, la imputabilidad es presupuesto de la culpabilidad.

Como concepto de culpabilidad consideramos como plausible el siguiente: "culpabilidad es el resultado del juicio por el cual se reprocha a un sujeto imputable haber realizado un comportamiento típico y antijurídico, cuando le era exigible la realización de otro comportamiento diferente, adecuado a la norma." [103]

En ese orden de ideas, en la concusión simple "para que haya culpabilidad se requiere en primer término, que un acontecimiento haya sido producido por la voluntad (dolo) traducida en conducta (exigencia), de un sujeto imputable (servidor público) y además, que esa conducta sea reprochable conforme a las normas jurídicas (que sea ilegal o en mayor cantidad que lo señalado en la ley), porque había una exigibilidad de realizar otro comportamiento diferente (abstenerse de exigir algo ilegal o en mayor cantidad que la señalada en la ley) que tendría que haber sido el adecuado a la pretensión del derecho, manifestada esta pretensión a través del contenido cultural de las normas." [104]

En el sistema penal mexicano la culpabilidad es manejada desde una postura normativa toda vez que para estar en condiciones de resolver sobre la naturaleza jurídica de dicho instituto, derivada de una conducta, es menester que se efectúe una interpretación sobre lo consignado en la propia norma o ley existente, es decir, si de acuerdo a lo ordenado en esta, a aquél le era exigible una conducta distinta a la concretada y por ende, reprochable.

Al respecto, la H Suprema Corte de Justicia de la Nación se ha pronunciado en los siguientes términos:

> "CULPABILIDAD. Su ausencia trae aparejada la necesaria absolución del acusado. Al consignar la ley en el artículo 8, que los delitos son intencionales y de imprudencia, está consagrando la necesaria culpabilidad del agente activo de la infracción. La ausencia de culpabilidad no impide que la conducta externamente considerada encaje en el tipo o descripción legal; pero el hecho de que no se consigne en el catálogo de las excluyentes la ausencia de culpabilidad como circunstancia que impide la incriminación, no significa que no puede dictarse sentencia absolutoria, pues sin necesidad de crear la excepción, mediante la correcta interpretación del artículo 8, del Código Penal puede dictarse sentencia absolutoria, partiendo del principio que del mismo se desprende y que predica la necesaria culpabilidad de todo delito."
>
> "Directo 5612/1951. Emilio Cavazos Garza. Resuelto el 18 de septiembre de 1956, por unanimidad de 4 votos. Ausente el Sr. Mtro. Chico Goerne. Ponente el Sr. Miro. Ruiz de Chávez. Srio. Lic. Javier Alba Muñoz. Primera Sala. Boletín 1956, pág. 648."

Si se pretendiese efectuar una interpretación literal y por ende errónea, del contenido de la postura sostenida sobre el instituto de la culpabilidad, en atención al sistema penal mexicano y a la ejecutoria transcrita con anterioridad, podría sostenerse equivocadamente que en el caso concreto de la concusión conforme al tipo penal federal, la culpabilidad se presentaría en las formas dolosa (intencional) o culposa (no intencional o de imprudencia) y entendida esa culpabilidad en cuanto al contenido de voluntad del "servidor público."

---

[103] VELA, Treviño, Sergio. "Culpabilidad e inculpabilidad". Editorial Trillas. México, D.F. 1991. P. 190.
[104] Interpretación libre de Alfredo Sánchez Franco sobre el criterio sostenido por Sergio Vela Treviño, en "Culpabilidad e inculpabilidad". Editorial Trillas, México, D.F. 1991. P. 201.

Sin embargo, en este punto debe dejarse claro que exclusivamente en el instituto de la concusión contenido en el artículo 218 del Código Penal Federal referido a la concusión simple cuando el "servidor público" actúa por si mismo, es decir sin ayuda de un tercero para formular una "exigencia ilícita" la conducta observada por aquél es "dolosa" toda vez que la voluntad intencional estará determinada por el contenido de la misma, con la finalidad de "exigir" algo que sabe es ilegal o en mayor cantidad que la señalada en la ley, es decir, va dirigida a la concreción del tipo legal.

Con el propósito de robustecer tal observación se reproducen los criterios sostenidos por la H. Suprema Corte de Justicia de la Nación con respecto al instituto del "dolo" y su contenido:

> "DOLO, EXISTENCIA DEL. El dolo existe con la sola voluntad de causar un daño, independientemente de que no haya representación cuantitativa del mismo."
> "Amparo Directo 672/1961. Julio Castillo Monroy. Junio 21 de 1962. Unanimidad de 4 votos. Ponente: Miro. J.J. González Bustamante. Primera Sala, Sexta Época, Vol. LX, Segunda Parte, pág. 25."

> "DOLO CONCEPTO DE. El dolo consiste en la intención de ejecutar un hecho que es delictuoso."
> "Amparo Directo 3611/1961. Plinio Santiago Miso. Octubre 26 de 1961. Mayoría de 3 votos. Ponente: Mtro. JJ. González Bustamante."

> "DOLO CONTENIDO TÉCNICO. El dolo no puede entenderse únicamente como la voluntad de un resultado concreto. Es cierto que el activo del delito ejecuta su acto con un propósito específico; sin embargo, lo que importa a la técnica jurídica es que exista una voluntad inicial de contenido típico y basta que ella exista para que el resultado se reproche como doloso. Puede no coincidir el resultado con la voluntad y no obstante el dolo subsiste."
> "Amparo Directo 8776/65/2. Luis González Hernández. 23 de noviembre de 1971. 5 votas. Ponente: J. Ramón Palacios. Informe de 1971."

Ahora bien, al referirnos a un agente tercero (que "obedece jerárquicamente" al servidor público y que ya fue derogada como tal del artículo 15 del Código Penal Federal) que no impone a su conducta un sentido determinado adecuado a la norma y produce un resultado (la exigencia ilícita) que se hubiera evitado mediante el correcto sentido de la voluntad, comete un hecho relevante para el Derecho Penal, no por intención, es decir, por culpa.

En este supuesto, operaría y encuadraría indirectamente la excluyente de delito de la "obediencia jerárquica" en la amplitud de la fracción I del artículo 15 del Código Penal Federal, como causa de inculpabilidad por ausencia de exigencia de otra conducta a dicho agente y por ende de reprochabilidad. Tal postura será abordada con posterioridad.

Por otra parte, si existe un "acuerdo de voluntades" entre el "servidor público" que idea la "exigencia ilícita" y el tercero (que debe cubrir con los requisitos señalados en las páginas anteriores referidos a la antijuricidad) que perfecciona dicha exigencia y la formula al particular como contribuyente, resulta entonces válido el sostener que a la participación observada por aquel tercero le es aplicable por disposición lo ordenado en el segundo párrafo del artículo 212 de Código Penal Federal y por ende, al instituto de la concusión, cuyo texto indica: "Se impondrán las mismas sanciones previstas para el delito de que se trate a cualquier persona que participe en la perpetración de alguno de los delitos previstos en este Título o el subsecuente."

Dicha postura doctrinal ha sido sostenida en la practica por nuestro más alto Tribunal de Justicia de la siguiente manera:

> "CULPABILIDAD.- No puede formularse el juicio de reproche, como elemento normativo de la culpabilidad, imputando a una persona ser la causa eficiente de un evento dañoso por manejar un vehículo de servicio público que se encontraba en malas condiciones de la dirección, si se demuestra que el trabajador hizo del conocimiento de la empresa de Transportes advirtiendo las consecuencias que podía ocasionar su manejo y a pesar de ello, recibe órdenes terminantes para que lo guíe."

Para poder considerar que ha quedado debidamente integrado el elemento de la culpabilidad en la concusión simple, tenemos que sólo podrá darse cuando la conducta desplegada por el "servidor público" (en la que se incluye al tercero, cuando existe un acuerdo de voluntades entre ambos) ha sido de carácter "dolosa" ya que de lo contrario, estaríamos ante una "causa excluyente de delito", la cual fue abordada con anterioridad o en su caso, ante una "causa de inculpabilidad" que será agotada a continuación.

3.17. Causas de inculpabilidad en el instituto de la concusión.

En páginas anteriores se analizaron las causas que impiden en el elemento del injusto penal, la integración de "la antijuricidad", enfocadas directamente bajo la "obediencia jerárquica" como causa excluyente de delito y que encuadraría en la amplitud el artículo 15 fracción I del Código Penal Federal.

Sin embargo, dadas las vías bajo las cuales puede formularse la conducta reprimida en el tipo legal de la concusión; "la exigencia ilícita" (por si o por medio de otro) se dejó pendiente el estudio de los dos últimos supuestos del cuadro que en su momento se transcribió como aporte de CELESTINO PORTE PETIT CANDAUDAP y que a continuación se describe con fines didácticos:

> "a) Obedecer a un superior legitimo en el orden jerárquico con relación a un mandato legitimo, y"

> "b) Obedecer a un superior legítimo con relación a un mandato que constituya delito, si esta circunstancia no es notoria ni se prueba que el inferior lo conocía".

> "En la primera hipótesis no existe ningún aspecto negativo del delito, por ser lícita la orden. La segunda hipótesis funciona mediante dos condiciones:"

> "a) Que la circunstancia a que alude la ley no sea notoria, y"

> "b) Que no se pruebe que el acusado la conocía".

"En este caso nos hallamos, por la existencia del error, ante una causa de inculpabilidad".[105]

---

[105] PORTE, Petit Candaudap, Celestino. "Panorama de la Parte General del Derecho Penal". Editorial Trillas. México, D.F. 1990. P. 70.

Del cuadro precisado resulta que para el debido estudio de las causas de inculpabilidad, que podrían operar en el instituto de la concusión, bajo la amplitud del artículo 15, fracción I, del Código Penal Federal, interesa en extremo abordar las contempladas en los incisos a) y b) últimos.

3.18. El error de hecho e invencible como causa de inculpabilidad en la integración del instituto de la concusión.

Esta causa de inculpabilidad puede operar y por ende, impedir la debida integración de elemento de "la culpabilidad" en la figura jurídica de la concusión.

En este supuesto, los elementos integradores que la conforman son los siguientes:

    a) La existencia de un orden jerárquico legalmente reconocido;

    b) Existencia de una orden del superior al inferior jerárquico;

    c) Ilicitud de la orden del superior al inferior; y

    d) Error de parte del inferior al acatar la orden dada." [106]

En este punto, se destaca que solo se expondrá a continuación, el inciso "d" referente al "error de parte del inferior al acatar la orden dada" toda vez que los elementos integradores del supuesto de "error invencible", marcados como a, b y c, son idénticos a los precisados y agotados debidamente en páginas anteriores en el presente capítulo, al abordar el estudio de las causas de justificación en el punto dedicado a las "excluyentes de responsabilidad penal" que impiden la integración de la "antijuricidad" como elemento del injusto penal.

Para entrar al estudio del "error invencible" que lleva a efecto el inferior jerárquico es menester de manera lógica que se hayan satisfecho los tres elementos anteriores a aquél, es decir, debe existir:

- Primero: una jerarquía reconocida formalmente;

- Segundo: debe existir una orden dada por el superior al inferior jerárquico; y

- Tercero: la orden dada al inferior es ilícita, pero con la particularidad de que el inferior lleva a cabo un juicio valorativo equivocado sobre la orden que se le encomienda, creyéndola conforme a derecho y por ende, provoca un resultado) que afecta un bien jurídicamente tutelado.

Sin embargo, debe destacarse que "el error" efectuado por el inferior debe ser invencible, es decir, aquel que pudo ser evitado en su comisión por otros medios, de lo que se desprende que no toda equivocación del inferior puede ser considerada como elemento integrador del instituto del "error invencible."

---

[106] VELA, Treviño, Sergio. "Culpabilidad e inculpabilidad". Editorial Trillas. México, D.F. 1991. P. 383.

En el caso concreto de la concusión solo cuando el subalterno haya producido un resultado dañoso a un bien jurídico tutelado derivado de una orden de su superior valorada erróneamente como lícita y que dicho error, no hubiese sido evitado por cualquier medio diverso en su comisión, solo entonces, podrá considerarse que opera en favor del subalterno "la causa de inculpabilidad" por "obediencia jerárquica".

Dicha postura doctrinal ha sido sostenida claramente en el Foro Mexicano por la H. Suprema Corte de Justicia de la Nación a través de las siguientes Ejecutorias:

> "OBEDIENCIA JERÁRQUICA, COMO EXCLUYENTE Y COMO ATENUANTE DE RESPONSABILIDAD (Legislación de Veracruz).- Existiendo relación jerárquica entre los policías con su jefe, si este impone la detención arbitraria de dos individuos y posteriormente ordena su colgamiento sin mediar acusación, juicio, defensa y sentencia condenatoria de autoridad competente, los subalternos que acatan el mandamiento se ubican fuera de la eximente por su notoria ilicitud al encontrarse abolida en la entidad la pena de muerte; empero, ante la limitación de voluntad de los policías por su dependencia jerárquica, no se hicieron acreedores a igual sanción que su jefe, toda vez que este, valido de su cargo, se sirvió de los policías bajo su mando como instrumento, aunque conscientes, para alcanzar el propósito delictuoso y esta circunstancia debió normar al arbitrio del Juzgador para atemperar la pena a los subordinados."
> "A.D. 3878/1958 Natalio Luna Reyes y Román. 1O de febrero de 1959, 4 votos.
> Boletín de Información Judicial, 1959, Primera Sala. Pág. 149."

> "Para que el subordinado pueda ser considerado exento de pena por obedecer una orden del superior que viene en forma, pero que lesiona injustamente un derecho, es necesario que el subordinado crea erróneamente que se le manda un acto justo."
> "A.D. 2483/57. José Ma. Ibarra Oroná. 5 votos.
> Sexta época, Vol. V, segunda Parte, pág. 49."

Una vez agotada la figura jurídica de "la causa de inculpabilidad" por obediencia jerárquica, derivada del "error invencible" en la concusión y que por su propia naturaleza impide la debida integración de "la culpabilidad", a continuación será agotada la segunda posibilidad en la cual puede operar la "causa de inculpabilidad" por obediencia jerárquica por no "exigibilidad de otra conducta", al subalterno o inferior jerárquico.

3.19. La no exigibilidad de otra conducta, derivada de la obediencia jerárquica como causa de inculpabilidad en la concusión.

En renglones anteriores se describió a la "exigibilidad de la conducta" como la obligación normativamente impuesta a los imputables de actuar conforme al derecho, cuando deben y pueden hacerlo.

De no satisfacerse dicho requisito entonces no estaremos en la posibilidad de efectuar un juicio de reproche a un sujeto imputable que en el caso que nos ocupa figura como un "servidor público" que efectúa la "exigencia ilícita" concebida originalmente por el superior jerárquico y que se perfecciona al "exigir" al particular, los bienes descritos en el tipo legal correspondiente y a cuyo título debe ser formulada aquella.

De lo anterior se desprende que no es posible ni razonable exigirle al subalterno una conducta diversa, para que se conduzca conforme a Derecho ya que no tenía el deber de hacerlo o porque no podía cumplir con esa obligación.

A efecto de apoyar tal observación se transcribe parte del proyecto de resolución dictado por la Primera Sala de la H. Suprema Corte de Justicia de la Nación, en el juicio de Amparo Directo número 2934/58, que a la letra indica:

> "No es humano exigirle a un infeliz trabajador que desobedezca a su patrón. Si existe un responsable, será el patrón que le ordenó salir con un vehículo en malas condiciones." En tales condiciones el Ministro Chico Goerne expresó que: hacía esta observación porque en los antecedentes del amparo solicitado aparecía que el quejoso se había negado en principio a salir a cubrir la ruta de un camión de pasajeros del servicio urbano que normalmente conducía como chofer, alegando el peligro que representaban las pésimas condiciones mecánicas en que se hallaban el vehículo, habiendo obtenido como respuesta a su negativa la orden expresa de su patrón, bajo amenaza de que si no salía a dar servicio sería suspendido en su trabajo."

Asimismo, en el juicio de Amparo Directo en cita, la Primera Sala de nuestro más alto Tribunal de Justicia dictó la siguiente resolución:

> "CULPABILIDAD. No puede formularse el juicio de reproche, como elemento normativo de la culpabilidad imputado a una persona, ser la causa eficiente de un evento dañoso por manejar un vehículo de servicio público que se encontraba en malas condiciones de la dirección, si se demuestra que el trabajador lo hizo del conocimiento de la Empresa de Transportes, advirtiendo las consecuencias que podía ocasionar su manejo y a pesar de ello, recibe órdenes terminantes para que lo guíe."
>
> "Amparo Directo 2934/1958. Aurelio Coronado. Señores Mtros. Franco Sodi y Mercado Alarcón. Ponente el Sr. Mtro. Franco Sodi. Srio. Lic. Juvenal González Gris."

La causa de inculpabilidad por la "no exigibilidad de otra conducta" por la obediencia jerárquica puede operar a favor del subalterno, solo cuando a este no se le puede exigir la obligación de acatar el mandamiento de la norma, consistente en no formular una "exigencia ilícita o en mayor cantidad que la señalada en la ley" toda vez que trae como resultado, la "no reprochabilidad" de la conducta desplegada por dicho sujeto.

Hasta este punto está agotado el estudio de la conducta observada por el concesionario, desde su nacimiento hasta el momento en que dicha conducta podría ser reprochada por el Derecho Penal. Para ello, fueron materia de análisis todos y cada uno de los supuestos que podrían operar y por tanto, impedir la debida integración de los elementos positivos del delito, dentro del injusto penal y la culpabilidad, entendido éste como una unidad y en el caso concreto de la concusión descrito en el artículo 218 del Código Penal Federal.

3.20. La punibilidad en la concusión.

El instituto de "la punibilidad" en la Doctrina Penal Mexicana es entendido por FERNANDO CASTELLANOS TENA, como "El merecimiento de una pena en función de la realización de cierta conducta. Un comportamiento es punible cuando se hace acreedor a la pena; tal merecimiento acarrea la conminación legal de aplicación de esa sanción. También se utiliza la palabra punibilidad, para significar la imposición concreta de la pena a quien ha sido declarado culpable de la comisión de un delito." [107]

FRANCISCO PAVÓN VASCONCELOS [108] entendió a dicho instituto como "La amenaza de pena que el Estado asocia a la violación de los deberes consignados en las normas jurídicas, dictadas para garantizar la permanencia el orden social." Sin embargo, debe de destacarse que "punibilidad" y "pena" son dos figuras jurídicamente diversas, ya que la primera es elemento del delito y la segunda una medida particularizada.

Aquí es menester entrar al estudio de la penalidad establecida por el Legislador por la comisión de una conducta que ha sido previamente calificada por el Juzgador como injusta y culpable y por ende, punible para efectos del Derecho Penal Mexicano. Dicha penalidad, se encuentra plasmada en lo ordenado en el artículo 218 párrafos segundo y tercero del Código Penal Federal, que a la letra indican lo siguiente:

"Al que cometa el delito de concusión se le impondrán las siguientes sanciones:

"Cuando la cantidad o el valor de lo exigido indebidamente no exceda del equivalente de quinientos días de Unidades de Medida y Actualización en el momento de cometerse el delito, o no sea valuable, se impondrán de tres meses a dos años de prisión y de treinta a cien días multa."

"Cuando la cantidad o el valor de lo exigido indebidamente exceda de quinientos días de Unidades de Medida y Actualización en el momento de cometerse el delito, se impondrán de dos años a doce años de prisión y multa de cien a ciento cincuenta días multa."

Al efectuar un análisis del precepto transcrito, en relación al monto de lo "exigido" se desprenden los siguientes supuestos:

1.- Cuando la cantidad o el valor de lo "exigido" no supera el equivalente de 500 días de Unidades de Medida y Actualización en el momento de cometerse el delito, se impondrá una pena de tres meses a dos años de prisión y de 30 a 100 días multa.

2.- Cuando la cantidad o el valor de lo "exigido" exceda las 500 Unidades de Medida de Actualización al momento de cometerse el delito, se impondrá una pena de 2 años a 12 años de prisión y multa de 100 a 150 días multa.

Debe de resaltarse que para estar en condiciones de precisar el monto de "exigido" u "obtenido" en su caso, será necesario en un proceso penal la existencia de pruebas documentales o un dictamen pericial contable que determinen dicha cantidad, cuando el concesionario haya obtenido lo exigido ilegalmente o ante su falta, establecerlo en base a otros medios probatorios ya sea por medio de testigos de ser posible o del propio procesado, por atentar ilícitamente contra el patrimonio de los particulares y afectar la "buena imagen" de la Administración Pública.

---

[107] CASTELLANOS, Tena Fernando. "Lineamientos Elementales de Derecho Penal". Editorial Porrúa, S.A. México, D.F. 1989. P. 275.
[108] PAVÓN, Vasconcelos Francisco. "Derecho Penal Mexicano". Editorial Porrúa, S.A. México, D.F. 1987. P. 453.

3.21. Las excusas absolutorias o ausencia de punibilidad.

Dentro de la doctrina el instituto del aspecto negativo de la punibilidad o "excusas absolutorias" se ha manejado bajo el siguiente concepto: "Son aquellas causas que dejando subsistente el carácter delictivo de la conducta o hecho, impiden la aplicación de la pena." [109]

Dichas causas -respetando el fundamento legal invocado por el autor citado- se clasifican de la siguiente manera:

> "1.- En razón del arrepentimiento y la mínima peligrosidad del agente. Artículos 138 (deposición de armas por el rebelde) y 375 (robo cuyo valor no exceda de diez veces el salario, sea restituido por el infractor espontáneamente y pague éste todos los daños y perjuicios, antes de que la autoridad tome conocimiento del delito).
>
> 2.- En razón exclusiva de la mínima o nula peligrosidad exhibida por el autor: artículo 333 (aborto imprudencial de la propia mujer embarazada o cuando aquél sea resultado de una violación) y 334 (aborto por peligro de muerte de la mujer embarazada o el producto)." [110]

Existe otra causa absolutoria que tiene como fundamento legal, lo ordenado en el artículo 55 del Código Penal Federal, que a la letra indica:

> "Artículo 55.- En el caso de que el imputado sea una persona mayor de setenta años de edad o afectada por una enfermedad grave o terminal, el Órgano jurisdiccional podrá ordenar que la prisión preventiva se ejecute en el domicilio de la persona imputada o, de ser el caso, en un centro médico o geriátrico, bajo las medidas cautelares que procedan, en todo caso la valoración por parte del Juez se apoyará en dictámenes de peritos. La revisión de la medida cautelar podrá ser promovida por las partes quienes además ofrecerán pruebas para dicho efecto."
>
> "De igual forma, procederá lo previsto en el párrafo anterior, cuando se trate de mujeres embarazadas, o de madres durante la lactancia."

Es lógico el sostener que de acuerdo a los criterios transcritos, en el instituto de la concusión resulta difícil de concebir que opere el aspecto negativo de la punibilidad, enfocado bajo alguna de las "excusas absolutorias" referidas.

Hasta este punto abordé los aspectos y requisitos más sobresalientes que revisten al tipo legal de la concusión en el Derecho Penal Mexicano así como el estudio de aquellas circunstancias de prueba que dificultarían en un proceso penal concreto como caso hipotético, la debida integración de cada uno de los elementos del delito (el injusto penal; que abarca a la conducta, tipicidad y antijuricidad así como a la culpabilidad que contempla a su vez; a la imputabilidad, la conciencia de la

---

[109] CASTELLANOS, Tena Fernando. "Lineamientos Elementales de Derecho Penal". Editorial Porrúa, S.A. México, D.F. 1989. P. 278.

[110] PAVÓN, Vasconcelos Francisco. Op. Cit. P. 468. [Fueron actualizadas por Alfredo Sánchez Franco las correlaciones citadas por el autor, sobre artículos del Código Penal Federal].

antijuricidad y a la exigibilidad de otra conducta) contemplado en el artículo 218 del Código Penal de la Federación.

Estos constituyen aspectos dignos de observación y análisis ya que en su conjunto, son la respuesta del porqué en la práctica en nuestro Derecho Penal Mexicano y hasta el 31 de marzo de 2019 es tan difícil encontrar registros de procesos penales en los que el Juzgador con pruebas idóneas haya dictado sentencia definitiva en contra de un servidor público por la comisión del delito de la concusión o exacción ilegal y que además, constituyan material de examen y pronunciamiento jurisprudencial.

CAPÍTULO 4.
EL TIPO PENAL DE LA CONCUSIÓN O EXACCIÓN ILEGAL EN LOS ESTADOS DE LA REPÚBLICA MEXICANA

Sumario

4.1. Aguascalientes; 4.2. Baja California; 4.3. Baja California Sur; 4.4. Campeche; 4.5. Coahuila; 4.6. Colima; 4.7. Chiapas; 4.8. Chihuahua; 4.9. Distrito Federal (hoy Ciudad de México); 4.10. Durango; 4.11. Guanajuato; 4.12. Guerrero; 4.13. Hidalgo; 4.14. Jalisco; 4.15. Estado de México; 4.16. Michoacán; 4.17. Morelos; 4.18. Nayarit; 4.19. Nuevo León; 4.20. Oaxaca; 4.21. Puebla; 4.22. Querétaro; 4.23. Quintana Roo; 4.24. San Luis Potosí; 4.25. Sinaloa; 4.26. Sonora; 4.27. Tabasco; 4.28. Tamaulipas; 4.29. Tlaxcala; 4.30. Veracruz; 4.31. Yucatán; 4.32. Zacatecas.

Como complemento a lo expuesto en páginas anteriores sobre el tipo penal contemplado en el artículo 218 del Código Penal Federal, tenemos que por si resultara poco, su redacción legal no es la misma que la existente en todos y cada uno de los Códigos Penales de los Estados de la República Mexicana.

Efectivamente, existen a nivel estatal tipos penales de la concusión que contienen una antijuricidad diversa del tipo penal examinado a nivel federal y totalmente independiente con la que fue revestido en cada Estado, esto es, un numerus clausus aplicable en el territorio de cada entidad federativa. Aclaro de antemano en este punto que, modifiqué el método que usé en la segunda edición del 2004 para presentar por orden alfabético el análisis de todos y cada uno de los códigos penales estatales que tipifican a la concusión o exacción ilegal, por lo que en esta actualización y con fines didácticos solo doy a conocer en síntesis y con el fundamento legal vigente al 31 de marzo de 2019 los elementos locales que en mi opinión son los más importantes.

En ese orden de ideas, basta analizar los diversos tipos penales de la concusión contenidos en su caso, en todos y cada uno de los 32 Códigos Penales estatales, que se consultaron en lo individual y por orden alfabético vía internet indistintamente en las páginas web del Instituto de Investigaciones Jurídicas de la Universidad Nacional Autónoma de México o bien, de cada Congreso Local, Legislatura Estatal o en su caso, Asamblea Legislativa, de los que en lo medular se desprende que salvo variantes relacionadas con la cantidad de años de prisión, montos determinados o indeterminados de lo exigido ilegalmente o unidades para calcular las multas aplicables o si incluyen o no otras sanciones como la destitución, inhabilitación por un tiempo determinado para desempeñar el cargo o comisión, según corresponda, en la mayoría de ellos como Aguascalientes (Art. 172), Baja California (Art. 300), Baja California Sur (Art. 286), Campeche (Art. 292), Coahuila (Art. 454), Colima (Art. 242 Bis 2), Chihuahua (Art. 271), Distrito Federal hoy Ciudad de México (Art. 274), Guanajuato (Art. 249), Guerrero (Art. 285), Hidalgo (Art. 306), Morelos (Art. 274), Nayarit (Art. 251), Nuevo León (Art. 220), Oaxaca (Art. 215), Puebla (Art. 430), Querétaro (Art. 269), Quintana Roo (Art. 257), San Luis Potosí (Art. 337), Sinaloa (Art. 306), Sonora (Art. 187), Tabasco (Art. 238), Tamaulipas (Art. 220), Yucatán (Art. 257) y Zacatecas (Art. 202) no existe diferencia substancial de la descripción gramatical contemplada en el artículo 218 del nuestro Código Penal Federal, exceptuando 6 de ellos en los que existen elementos particulares que los distinguen del modelo federal, como son los casos de Chiapas (Art. 431), Durango (Art. 340), Jalisco (Art. 150), Michoacán (Art. 254), Tlaxcala (Art. 166) y Veracruz (Art. 325); o incluso el caso singular del Estado de México en cuyo código penal no existe el tipo penal de la concusión o exacción ilegal por haber sido derogado mediante decreto número 207 de la "LVII" Legislatura, publicado en la Gaceta del

Gobierno el 30 de mayo del 2017 –Aún así, considero que en este último territorio podría operar el tipo penal federal en razón de la calidad de servidor público-.

A continuación formulo algunas observaciones sobre los tipos penales estatales que contienen elementos distintos a los contenidos en el tipo penal federal y en consecuencia, nos brindan una lectura y comprensión más amplias sobre el delito de la concusión o exacción ilegal.

Chiapas.

En el Estado de Chiapas el tipo penal de la concusión está contemplado en el artículo 431 de su Código Penal que indica:

> "Artículo 431.- Comete el delito de concusión, el servidor público que con el carácter de tal, y a título de impuesto o contribución, recargo, renta, rédito, salario o emolumento, exija por sí o por medio de otro, dinero, valores, servicios o cualquier otra cosa que sepa que no se adeuda o en mayor cantidad que la señalada por la ley."

> "Al responsable del delito de concusión, se le impondrán de tres meses a dos años de prisión cuando el valor de lo entregado no exceda de quinientos días de salario; cuando exceda de quinientos días se le impondrá de uno a diez años de prisión, y en ambos casos, además de la destitución e inhabilitación por el tiempo de la sanción impuesta para el desempeño de la comisión, cargo o empleo, se le aplicará al activo, una sanción pecuniaria hasta por trescientos días de salario atendiendo a la gravedad del delito."

Sobre este tipo penal estatal, se destaca lo siguiente:

a. La descripción del tipo penal estatal cambia de la contenida a nivel Federal, en razón del inciso "c" siguiente;

b. En la fijación de la penalidad aplicable, se considera el monto o cuantía de lo "entregado", es decir, es necesario que el concusionario obtenga lo exigido ilegalmente, lo que resalta el craso error de redacción e incongruencia existentes en los dos párrafos del artículo 431 en el que el segundo párrafo complementa al primero ya que la descripción del tipo penal estatal no requiere que se obtenga lo exigido ilegalmente, pero para sancionarlo si requiere que obtenga lo exigido ilegalmente. Planteado de otra forma, si el servidor público formula la exigencia ilegal pero no obtiene lo exigido es delito pero no tiene sanción alguna.

c. Con este tipo penal estatal, se robustece mi comentario efectuado sobre la acepción del vocablo "indebido" a nivel federal ya que en Chiapas, con una mayor claridad en esa parte de la redacción, el servidor público exige ilegalmente al particular el pago de algo que no adeuda;

d. Incluye la temporalidad de la destitución e inhabilitación para desempeñar otro empleo, cargo o comisión públicos; y

Durango.

El tipo penal de la concusión en el Estado de Durango está contemplado en el artículo 340 de su Código Penal, de la siguiente manera:

> "ARTÍCULO 340. Comete el delito de concusión el servidor público que con tal carácter exija por sí o por interpósita persona a título de impuesto o contribución, derecho y cooperación, recargo, renta rédito, salario o emolumento, dinero, valores, servicios o cualquier otra cosa no debida o en mayor cantidad de la que señala la ley."
>
> "Al culpable, se le impondrá las siguientes penas:"
>
> "I. Cuando la cantidad o el valor de lo exigido indebidamente no exceda del equivalente de quinientas veces la Unidad de Medida y Actualización en el momento de cometerse el delito, o no sea valuable, se impondrán de dos a seis años de prisión y multa de ciento cuarenta y cuatro a cuatrocientos treinta y dos veces la Unidad de Medida y Actualización; y"
>
> "II. Cuando la cantidad o el valor de lo exigido indebidamente exceda de quinientas veces la Unidad de Medida y Actualización en el momento de cometerse el delito, se impondrán de seis a doce años de prisión y multa de cuatrocientos treinta y dos a ochocientos sesenta y cuatro veces la Unidad de Medida y Actualización."

Sobre este tipo penal estatal se desprende lo siguiente:

a. En tipo penal varía al incorporar como título bajo el cual puede ser formulada la conducta reprimida, a la "cooperación" (este comentario también aplica para los tipos estatales existentes en los Estados de Jalisco y Tlaxcala, al incluir a la "cooperación" en sus códigos locales).

Tanto en el "Diccionario para Juristas" de Juan Palomar de Miguel como en el "Diccionario de la Real Academia de la Lengua Española", tenemos que se estipula que por cooperación debe entenderse: "(Del latín Cooperatio, -onis.) f. Acción y efecto de cooperar.

Sin embargo, esta definición no explica la connotación contributiva que el Legislador le designó a tal vocablo en el tipo penal estatal in fine, por lo que se transcribe el significado otorgado por la ahora extinta Segunda Sala de la H. Suprema Corte de Justicia de la Nación, cuyo criterio histórico resulta ilustrativo, visible a hojas 16 del Apéndice al Semanario Judicial de la Federación, Tomo LXXIX, Tercera Parte que a la letra indica:

> "COOPERACIÓN, CONCEPTO DE. Como el artículo 70 de la Ley de Vías Generales de Comunicación, emplea el término contribución para establecer una exención, cabe manifestar, en concordancia de la naturaleza del organismo que reclama la exención y con el alcance que notoriamente dio el legislador a la palabra mencionada, que ésta no fue empleada en el sentido riguroso del impuesto o gravamen, sino más bien, en la acepción gramatical de pago de una cuota, sea cual fuere la naturaleza de ésta, en cuya acepción quedan comprendidos no únicamente un tributo en el concepto jurídico de la palabra, sino la cooperación que, en los términos de nuestra legislación fiscal, constituye un derecho."

"Revisión fiscal 375/60. Ferrocarriles Nacionales de México. 10 de enero de 1964. 5 votos. Ponente: Franco Carreña."

"Precedente:"

"Volumen LXXVI1, Tercera Parte, pág. 21. Revisión fiscal 90/63. Ferrocarriles Nacionales de México. 28 de noviembre de 1963. 5 votos. Ponente: Franco Carreña."

"Volumen LXXV, Tercera Parte, pág. 41. Revisión fiscal 263/63. Ferrocarriles Nacionales de México. 23 de septiembre de 1963. Unanimidad de 4 votos. Ponente: José Rivera Campos."

"Volumen XXXIX, Tercera Parte, pág. 35."

Michoacán.

En el Estado de Michoacán el delito de la concusión está descrito y sancionado en el artículo 254 de su Código Penal, como a la letra se transcribe:

"Artículo 254. Concusión."

"A quien teniendo la calidad de servidor público, y con tal carácter, exija por sí o por interpósita persona a título de impuesto, derecho, aportación de depósito o contribución, recargo, renta, rédito, salario o emolumento, dinero, valores, servicios o cualquier otra cosa que sepa no es debida, o en mayor cantidad de la que señala la ley, se le impondrá de seis meses a dos años de prisión, de cien a trescientos días multa e inhabilitación de seis meses a tres años para desempeñar cargo, empleo o comisión en el servicio público, cuando el valor de lo exigido no exceda de quinientas veces el valor diario de la Unidad de Medida y Actualización o no se pueda determinar el monto."

"Si el valor de lo exigido excede de quinientas veces el valor diario de la Unidad de Medida y Actualización, se le impondrá de dos a seis años de prisión, de trescientos a novecientos días multa e inhabilitación hasta diez años para desempeñar cargo, empleo o comisión en el servicio público."

De este tipo penal estatal se destaca lo siguiente:

El tipo penal varía al incorporar como título bajo el cual puede ser formulada la conducta reprimida, a la "aportación de depósito" que por su fuente y contenido resulta una cláusula que obra en los contratos colectivos de trabajo como apoyos y prestaciones, que corresponde a un porcentaje del salario de cada trabajador que lo solicite, cantidad que se suma a una aportación de igual monto por parte del Patrón, siendo dicha prestación fija y no ligada al salario que no constituye ningún otro efecto económico que el de su percepción ni otro efecto para el monto de su posterior jubilación.

Veracruz.

El tipo penal de la concusión o exacción ilegal como fue descrito en el Estado de Veracruz, (así es conocido en el Derecho Penal Español) está contemplado y sancionado en el artículo 325 de su Código Penal de la siguiente forma:

"Artículo 325.- Al servidor público que hubiere recibido o exija, por sí o por medio de otra persona, prestaciones mayores a las señaladas por la ley, se le impondrán las sanciones siguientes:"

"I. Cuando las prestaciones indebidas no excedan del equivalente de quinientas veces el salario mínimo o no sean valuables, se impondrán prisión de tres meses a dos años y multa de treinta a trescientos días de salario; y"

"II. Si su equivalente excediera de quinientas veces el salario, se impondrán de dos a diez años de prisión y multa de trescientos a quinientos días de salario."

Uno de los varios aspectos que distinguen al tipo penal estatal en cita, del contenido en el tipo penal federal es que:

El instituto legal está tipificado como exacción ilegal y no como concusión;

Resulta indistinto que exista o no un resultado material con la obtención de lo exigido, ya que de igual manera se sanciona la llana exigencia ilegal; y

De manera general, el servidor público no puede exigir o recibir "prestaciones" mayores a las señaladas por ley, debiéndose interpretar estas no como inherentes a una relación laboral que le confiere prerrogativas laborales a servidor público sino como conceptos que se desprenden de un supuesto fáctico que vincula ilegalmente a un particular tomando en consideración que, el termino prestación deriva del latín "praestatio" y entendiendo que una prestación puede ser el servicio convenido en un acuerdo o exigido por una autoridad.

Con independencia a lo expuesto en párrafos anteriores, en los que se destacó la variedad de tipos penales estatales que describen y sancionan a la misma figura jurídica, a nivel federal, en el Distrito Federal hoy Ciudad de México y en las demás Entidades Federativas en nuestro País, debo destacar en este punto que para efectos de praxis desde 1930 al 31 de marzo de 2019 han transcurrido 89 años en los que únicamente se tiene registro de 18 causas penales documentadas en archivos bibliográficos y de computo del Poder Judicial Federal, de las que en sólo una de ellas se ha dictado sentencia condenatoria en contra de un servidor público.

Tal como lo he sostenido desde el 2001, en México al día de hoy no existe en estricto sentido –por reiteración de criterios o por contradicción de tesis y sustitución- una sola jurisprudencia sobre el tema.

CAPÍTULO 5
ALGUNAS CONSIDERACIONES DE LA CONCUSIÓN EN EL DERECHO COMPARADO Y SUS ANTECEDENTES PRÁCTICOS EN EL DERECHO PENAL MEXICANO.

Sumario

5.1. Italia; 5.2. Argentina; 5.3. Alemania; 5.4. España; 5.5. Francia; 5.6. Colombia; 5.7. Brasil; 5.8. Estados Unidos de América y Reino Unido; 5.9. Referencias forenses de la concusión en el Derecho Penal Mexicano.

A continuación se describen algunas características que revisten en el Derecho Comparado a la figura legal de la concusión o exacción ilegal, primordialmente en cuatro países europeos que son Italia, Francia, Alemania y España así como en tres pertenecientes al Continente Americano, como son Argentina, Colombia y Brasil, toda vez que en dichas legislaciones se encuentran plasmadas con mayor fidelidad los orígenes y evolución de dicho instituto..

Debo destacar que si bien el delito de la concusión tiene sus orígenes en el Derecho Romano, también lo es que gran parte de los criterios doctrinales que a continuación serán tratados coinciden en algunos puntos pero varían con motivo de ciertas adaptaciones locales implementadas en cada país y por ende, distintas al origen del instituto de la concusión, en atención al sistema legal y evolución legislativa que rigen en cada uno de los países indicados.

Mención especial merecen en la actualización de este libro las fuentes provenientes del "Common Law", aplicables en los Estados Unidos de América y en el Reino Unido (U.S.A. y U.K. por sus siglas en inglés, respectivamente) en la que figura la conocida como "Extortion Under Color of Official Right" que ahora incorporo con fines didácticos, por considerarla de utilidad para también estudiar el mismo supuesto fáctico que nos interesa bajo la óptica del "Common Law", un sistema legal que por sus orígenes era incompatible [111] con el sistema Románico-Germánico.

5.1. Italia.

En este punto debo señalar que en materia de concusión es la legislación italiana la que ha servido de modelo a seguir por diversas legislaciones europeas que se han caracterizado por ser de las más evolucionadas en lo que respecta a la Doctrina Penal, como es el caso de Alemania y España ya que la primera en mención adoptó inicialmente y por lo tanto, con mayor pureza, los orígenes de dicho instituto en el Derecho Romano.

Dentro de los tratadistas clásicos italianos figuró FRANCESCO CARRARA [112] quien en su momento consideró sobre dicho instituto que: "... se configura por el hecho de que extorsiona un lucro de otro por el [metus publicae potestatis] si para obtener el lucro indebido se ha amenazado con el uso de la fuerza privada, no existirá delito contra la justicia pública ..."

El delito en estudio así como su penalidad y sanciones están contemplados en los artículos 317 y 317 bis del Código Penal Italiano, bajo la siguiente redacción:

---

[111] Formulo este comentario ya que figuras del *Common Law* paulatinamente han influenciado con mayor medida en México con la aparición del internet y la inevitable globalización en sus diversos estratos económico, tecnológico, legal, académico, etc.
[112] CARRARA, Francesco. "Programa del Curso de Derecho Criminal". No. 2567.

"317. Concussione."
"Il pubblico ufficiale o l'incaricato di un pubblico servizio che, abusando della sua qualità o dei suoi poteri, costringe taluno a dare o a promettere indebitamente, a lui o a un terzo, denaro o altra utilità, è punito con la reclusione da sei a dodici anni."

"317-bis. Pene accessorie."
"La condanna per i reati di cui agli articoli 314, 317, 319 e 319-ter importa l'interdizione perpetua dai pubblici uffici. Nondimeno, se per circostanze attenuanti viene inflitta la reclusione per un tempo inferiore a tre anni, la condanna importa l'interdizione temporanea." [113]

Así, el instituto de la concusión en el Derecho Italiano [114] contiene los siguientes elementos:

- Que se haya obrado para obtener un lucro;

- Que para obtener ese lucro se haya empleado como medio de amenaza un acto de pública autoridad;

- Que el lucro sea indebido. Si la amenaza de un acto de pública autoridad es legítima, la concusión es propia, si la autoridad del acto es fingida, es impropia. Si la amenaza es abierta y confesadamente injusta, la concusión es explícita; siendo implícita cuando se recurre al engaño. En ambos casos existe abuso de autoridad siendo patente en el primero y latente en el segundo.

En ese orden de ideas, la exigencia constituye un uso abusivo de la autoridad derivada de la función. Ni puede, por tanto, existir, cuando se invoca un cargo que no se ejerce.

La exigencia puede ejercerse por cualquier medio idóneo, inclusive la amenaza expresa o tácita, que produzca en el pasivo el error invencible como vicio del consentimiento, dolosamente manifestada por el agente o no, caso este último en el que el hecho consistirá en aprovechar maliciosamente el empleo del medio idóneo con base en la ignorancia del pasivo. La exigencia, con el empleo del medio idóneo para que opere, puede ser hecha por el agente o por un tercero, quien será coautor.

Asimismo, la concusión y el cohecho pasivo tienen parentesco; pero no obstante el, difieren en que en la concusión "el funcionario" no se limita al papel pasivo de aceptar la dádiva o promesa que le ofrece el corruptor sino que la exige o percibe del sujeto pasivo, cuya voluntad se encuentra viciada por error, dolo o violencia moral.[115]

De manera concordante en el Derecho Italiano, el objeto jurídicamente tutelado es el interés del Estado y por ello, de la colectividad, para que funcionen normalmente los servicios públicos, en beneficio de la misma colectividad.

Una de las características que distinguen a dicho instituto, es que en el Derecho Penal Italiano, la concusión si puede configurarse por la simple tentativa.

---

[113] Visible al 19 de marzo de 2019 en la página web: www.ipsoa.it
[114] CARRARA, Francesco. Op. Cit. P. 2568.
[115] MANZINI, V. "Trattato di Diritto Penale Italiano". Torino, Italia. 1933-1939., T. IV. P. 161. CARRARA, F. "Programma". No. 2574.

Por su parte, ANTOLISEI [116] sostuvo que: "el funcionario público se vale ilegítimamente de su posición para procurarse de la persona que tiene relación con la administración ventajas que no proceden. El fin de la incriminación es doble; de un lado, tutelar el interés de la administración a la correcta y buena reputación de sus funcionarios; y de otro, impedir que los extraños sufran perjuicios o daños por los abusos de los poderes de los funcionarios, con lo que se está ante un delito pluriofensivo."

Debo destacar que la configuración del delito de la concusión es en extremo compleja y por ende, poco frecuente tanto en el Derecho Italiano como en las demás legislaciones europeas, esto es, en el Continente Americano no es exclusiva del Derecho Penal Mexicano.

Tal consideración se encuentra claramente apoyada por las palabras del tratadista de Pisa, Italia, FRANCESCO CARRARA, que ya hace muchos años expresó lo siguiente:

> "Un fenómeno extraño sorprende el espíritu del estudioso en materia de concusión; pues mientras en todas las jurisprudencias abundan innumerables casos prácticos de todo género de delitos, se encuentran poquísimos documentos acerca de la concusión propia. Explicar esto con la afirmación de que en Europa, en el curso de más de 3 siglos, todos los empleados superiores e inferiores se han abstenido constantemente del abuso de su poder y de exigirles sumas indebidas a los ciudadanos, seria afirmar algo que no sé si se requiere más audacia para decirlo que ingenuidad para creerlo."

> "Por lo tanto, hay que recurrir al espíritu de cuerpo y a la connivencia más o menos elástica de los gobiernos. El empleado corrompido traiciona al gobierno y éste celoso de si mismo y ante el propio peligro, tiene interés en castigarlo. El empleado concusionario ofende meramente a los particulares y como está sostenido por la autoridad, encuentra fácil protección y excusa. La historia de la Ley Calpurnia nos muestra cuán graves son las dificultades que obstruyen el camino de los inferiores cuando quieren obtener justicia contra los altos funcionarios."

> "Yo mismo en 48 años de ejercicio como defensor en asuntos criminales, he patrocinado acusados de toda suerte de delitos, pero no he visto sino un solo caso de concusión. Se trataba del Tesorero de un municipio pequeño, que en las boletas de impuestos personales les añadía a las sumas a veces 5, a veces 10 centésimos. Se instruyó un gran proceso y al llamarse a todos los contribuyentes y confrontar los boletos con los requisitos, resultó que ese individuo se había enriquecido con la suma de 20 liras toscanas y 5 sueldos. Era una mosca atrapada en la telaraña; pero el 29 de abril de 1856 fue llevado ante la Corte Criminal y se vio en peligro de ser condenado a trabajos forzosos." [117]

Dentro de los autores contemporáneos FILLIPO SGUBBI sostiene que "El delito de concusión (art. 317 c.p.) castiga al funcionario público que obliga o induce al particular a dar o prometer dinero u otros bienes; en este delito el particular es la víctima y no resulta castigado, a diferencia de los delitos de corrupción donde el particular corruptor queda sujeto a la misma pena del funcionario público corrupto. El elemento común entre corrupción y concusión es el paso indebido del dinero

---

[116] ANTOLISEI. "Manuale di Diritto Penale". Parte Speciale. II. P. 613.
[117] CARRARA, Francesco. "Programma". No. 2575.

del particular al funcionario público; el elemento distintivo está (o debería estar) en la conducta de los protagonistas". [118]

Al igual que en México, en la historia de los tribunales italianos la integración procesal del delito de la concusión ha sido y es poco frecuente, además de que por su propia estructura gramatical representa una figura legal no fácil de probar ante tribunales penales. Sobre el particular, el mismo autor [119] destaca que:

> "La Fiscalía de varios tribunales en los primeros años del proceso de "manos limpias" habían adoptado una práctica que desconocía todas las reglas: el antiguo problema de la distinción entre concusión y corrupción era resuelto en términos procesales y no substanciales. La distinción no estaba centrada en el tipo de conducta realizada por el funcionario público y por el particular, sino que dependía de la colaboración en las investigaciones y, en particular, de quien se prestaba a confesar primero el paso del dinero. Si el particular llegaba primero en la "carrera" a confesar, generalmente se le reconocía el estatus de concusso, esto es, de víctima de la prevaricación del funcionario público. Si por el contrario, el particular no colaboraba y el descubrimiento de la transmisión indebida del dinero tenía lugar aliunde, es decir, sin la colaboración de los protagonistas, el fiscal imputaba a todos el delito de corrupción".

> "En 1994 la Fiscalía de Milán había elaborado —con la colaboración de docentes y abogados—, un proyecto de ley dirigido a castigar en todo caso la transferencia indebida de dinero del particular al funcionario público abandonando la distinción entre corrupción y concusión, se introducía también una cláusula de no punibilidad para quien colaborara con la Magistratura tras la comisión del hecho. Se buscaba de este modo ratificar con ley la práctica citada. El proyecto, que suscitó muchas atenciones y mucha polémica fue luego abandonado como fruto ocasional de una época ya pasada".

> "Hoy olvidada aquella práctica, se ha vuelto a discutir sobre la base de los criterios tradicionales, aun cuando la tesis actualmente dominante está basada sobre vagos presupuestos: la distinción entre corrupción y concusión no está fundada tanto sobre la conducta, cuanto sobre el estado de coartación de la voluntad del particular, esto es, un elemento de naturaleza psicológica de difícil determinación jurídica".

De lo expuesto se desprende que en el Derecho Italiano la concusión está revestida de características que en el Derecho Penal Mexicano son o no aplicables, como al referirse a los distintos tipos de concusión existentes en el primer sistema legal en mención, al referirse a la concusión "propia" o "impropia" o "implícita" y sobre todo, a la tentativa. Sobre la conveniencia doctrinal de derogar al delito de la concusión italiana, bajo el argumento de que podría quedar subsumida en los institutos de corrupción o cohecho, figuras atribuibles también a los servidores públicos que abusan de su investidura, en perjuicio del particular, abunda también VITTORIO MANES [120] como autor contemporáneo:

---

[118] SGUBBI, Filipo. "Delitos contra la Administración de Justicia, reflexiones dogmáticas y político criminales a la luz de la reciente evolución del Derecho Penal Italiano". Fuente visible al 20 de marzo de 2019 en: http://criminet.ugr.es Página de CRIMINET-Web de Derecho Penal y Criminología. RECPC-Revista Electrónica de Ciencia Penal y Criminología. Universidad de Granada, España.
[119] SGUBBI, F. Idem.
[120] MANES, Vittorio. "Bien jurídico y reforma de los delitos contra la Administración Pública". 02-01. Fuente: Página web

> "Si allude all'esigenza —ormai ineludibile— di eliminare la condotta di induzione, riducendo il delitto al solo falto del pubblico ufficiale che, abusando della sua qualità o dei suoi poten, costringe il privato a daré denaro o utilità non dovute. Solo la restrizione della fattispecie alla sola condotta di costrizione, infatti, permetterebbe di centrare in fulcro della tutela in una dimensione meggiormente individualistica, che valorizzi il pregiudizio per la libera autodeterminazione del signolo, cosí da giustificare una diversità in termini di pena edittale tanto spiccata rispetto alia corruzione. Non é un caso che la condona di induzione (o di sollecitazione, per usare il termine del legislatore spagnolo) nella disciplina pénale degli ordinamenti piú vicini al nostro (Francia, Spagna, Germania) appartenga all'area di tipicità della corruzione (o del cohecho, nel Código Penal); il che risolve in radice la problemática querelle, tutta italiana, appunto, sulla ricerca dei confini ra corruzione e concusione."

Hasta aquí se han señalado los aspectos más sobresalientes que revisten al instituto de la concusión como se le reconoce en el Derecho Italiano.

5.2. Argentina.

Por lo que respecta al Derecho Penal Argentino puede afirmarse que ha recibido gran influencia del Derecho Penal Italiano. Dicha consideración se aprecia de la lectura que se efectúe sobre lo ordenado en los artículos 266, 267 y 268 del Código Penal que sobre la exacción ilegal indican lo siguiente:

> "ARTICULO 266. - Será reprimido con prisión de un (1) a cuatro (4) años e inhabilitación especial de uno (1) a (5) cinco años, el funcionario público que, abusando de su cargo, solicitare, exigiere o hiciere pagar o entregar indebidamente, por sí o por interpuesta persona, una contribución, un derecho o una dádiva o cobrase mayores derechos que los que corresponden."
>
> "Se aplicará también multa de dos (2) a cinco (5) veces del monto de la exacción."
>
> "ARTICULO 267. - Si se empleare intimidación o se invocare orden superior, comisión, mandamiento judicial u otra autorización legítima, podrá elevarse la prisión hasta cuatro años y la inhabilitación hasta seis años."
>
> "ARTICULO 268. - Será reprimido con prisión de dos (2) a seis (6) años e inhabilitación absoluta perpetua, el funcionario público que convirtiere en provecho propio o de tercero las exacciones expresadas en los artículos anteriores."
>
> "Se aplicará también multa de dos (2) a cinco (5) veces del monto de la exacción."[121]

En la doctrina argentina SEBASTIAN SOLER [122] destacó que los elementos integradores del instituto in fine son:

"- Un funcionario, actuando por sí o por interpósita persona y abusando de su autoridad;"

---

de CRIMINET-Web de Derecho Penal y Criminología. RECPC-Revista Electrónica de Ciencia Penal y Criminología. Universidad de Granada, España. Fuente visible al 20 de marzo de 2019 en: http://criminet.ugr.es
[121] Fuente visible al 19 de marzo de 2019 en la página web: www.servicios.infoleg.gob.ar
[122] SOLER, Sebastián. "Derecho Penal Argentino". Tipográfica Editora Argentina. Buenos Aires, Argentina. 1973. P. 194.

"- La coacción que se ejerce sobre el sujeto pasivo, a quien se exige ilegalmente una contribución, impuesto, etc., y;

- La invocación de una falsa orden, comisión, mandamiento judicial u otra autorización legítima".

Siguiendo la Escuela Italiana, en el Derecho Argentino se aborda el estudio de la concusión bajo los calificativos de concusión "simple" o "propia" o en su caso, como "explícita" o "implícita". En su forma "simple" la concusión se comete por el empleo de cualquier medio como exigir, hacer pagar o hacer entregar.

El empleo de formas de intimidación califica el hecho, de manera que la figura simple consistirá o bien en una intimidación tácita, derivada de la pura condición de autoridad investida por el sujeto, o en la forma "implícita" de concusión, consistente en hacer falsas liquidaciones o maliciosas interpretaciones que engañen al contribuyente y que lo induzcan a error acerca del deber de pagar algo que no debe o a pagar más de lo debido". [123]

En el caso de la concusión "explícita", esta se distingue cuando el concusionario se vale de medios coactivos para exigir lo indebido, tales como la intimidación.

A efecto de ilustrar los criterios doctrinales señalados con anterioridad en el Derecho Penal Argentino, a continuación se transcriben algunas Jurisprudencias sostenidas por sus Tribunales competentes:

> "JURISPRUDENCIA.' Se comete el delito de exacciones ilegales cuando el funcionario público, con abuso de su función obtuvo indebidamente una ventaja (Suprema Corte Tucmán, 5-10-949, L. L. t. 52, pág. 289). El delito a que hacen mención los arts. 266 y 268 del Cod. Penal, constituye un delito formal por abuso de autoridad, que se consuma con la simple exigencia, con prescindencia de la entrega del dinero (Cam. Apel Rosario. Sala Crim. Segunda, 15-11-948. Rep. S. Fe. t. 21, pág. 40). El elemento psicológico del delito de exacciones ilegales consiste en el conocimiento que el funcionario tenga de ser indebida la prestación que exige, es decir, en saber que la contribución que ha cobrado no está autorizada por norma alguna (Suprema Corte Buenos Aires 2-12-947. L L t. 49, pág. 358; J. A., 1947-IV> pág. 563).";

"El sujeto activo de los delitos de exacciones ilegales debe ser siempre un funcionario público que abuse de su cargo. Nuestro Código no establece, como lo hace el Código Italiano actual, la distinción entre abuso de la calidad y abuso de las funciones. Basta entonces la exigencia arbitraria del funcionario, válido de su condición de tal (Cam. Tercera Apel. La Planta Sala Segunda, 16-3-945. L t. 40, pág. 234). No existe exacción ilegal sino cohecho (art. 256, Cód. Pen.), cuando no medió exigencia ni requerimiento intimidatorio por parte del procesado a las personas que le entregaron sumas de dinero, sino hábiles insinuaciones tendientes a hacer comprender la conveniencia de que se gratificarán sus servicios para compensar gastos (Cam. Fed. Rosario. 23-6-945. Rep. S. Fe. t. JO, pág. 69). El empleado público que, abusando de la situación que desempeñaba utiliza una infracción comprobada como medio intimidatorio para obtener dádivas, incurre de exacciones ilegales

---

[123] SOLER, S. Op. Cit. P. 1295.

(Sup. Corte Tucumán. U-9-948. L. L. t. 53. Pág. 289). Es tentativa de estafa y no exacción ilegal, el hecho del funcionario público que mediante abuso de confianza y promesas de efectuar diligencias incompatibles con su cargo por estarle prohibidas, logra percibir una suma de dinero (Cam. Apel. Crim. Corree. L L. t. 3, pág. 376)."

"En el delito de exacciones ilegales, siempre la prestación que forma el objeto material del delito ha de exigirse en nombre o interés de la administración pública (Primera Inst. Firme Crim. Corree. Mendoza. 4-5-945. L t. 38, pág. 660)." [124]

"CONTRATO ADMINISTRATIVO. Consultoría.[125]

"Buena fe. DAÑOS Y PERJUICIOS. "

"Responsabilidad del Estado. ACCIÓN CIVIL "

"Absolución enjuicio criminal. EXACCIONES ILEGALES. Responsabilidad."

"1. La conducta de la firma consultora, en cuanto accedió a una exigencia —ilegal- de pago formulada por un funcionario de la sociedad estatal contratante -luego condenado por el delito de concusión-, se aparta palmariamente del postulado de la buena fe, constituyendo motivo suficiente para provocar la rescisión del contrato por pérdida de confianza, en el marco de las disposiciones de la ley 22.460, que regula la promoción y contratación de los servicios de consultoría en el sector público."

"2. Rechazado el planteo de ilegitimidad del acto de rescisión del contrato de consultoría, no corresponde tratar los rubros atinentes al lucro cesante, al daño moral y a la pérdida de chance, en cuanto la firma consultora sujetó tales pretensiones a la invocada ilegitimidad y pretendida anulación del acto dictado por la empresa estatal comitente."

"3. La autoridad de cosa juzgada reconocida por el art. 1103 del Cód. Civil a la sentencia penal absolutoria, en cuanto alude a la "existencia del hecho principal", refiere a la materialidad de los hechos y a la autoría, sin comprender las valoraciones subjetivas que hacen a la apreciación de la culpa -en el caso, con relación al pago ilegal efectuado por la empresa consultora- desde la óptica de disposiciones de otra índole."

"4. No es razón suficiente para eximir de responsabilidad a la empresa de consultoría en el orden contractual, ni para tornar ilegítima la rescisión del contrato celebrado con la sociedad estatal, la circunstancia de no haber puesto en conocimiento de las autoridades las exacciones ilegales de que era víctima por temor a verse perjudicada en su patrimonio, y haber consentido que aquél se ejecutara en las condiciones impuestas por un funcionario en exclusivo provecho propio y personal, porque dicho proceder no formaba parte de lo pactado ni había sido materia del acuerdo de voluntades entre las partes, (del voto de los doctores Belluscio, Petracchi, Bossert). CS, 18/7/02; "Actuar S.A. y oíros c. Agua y Energía Eléctrica S.E. ", DJ, 9/10/02."

---

[124] Citadas en "Enciclopedia Jurídica Omeba". Editorial Bibliográfica Argentina. Tomo III, Buenos Aires, Argentina. 1979. P. 669 y 670.

[125] Jurisprudencia argentina sobre las exacciones ilegales o concusión, consultada en diciembre del 2003. Visible en: www.editorialjuris.com/diarios/octubre/25_10_2002.asp

Es claro que el Derecho Penal Argentino tomó gran parte de los criterios aportados por la Escuela Italiana toda vez que también clasifican a la concusión o exacción ilegal como "explícita" o "implícita", así como "simple" o "propia".

5.3. Alemania.

La Escuela Alemana comparte con el Derecho Italiano el concepto del "temor infundido por el funcionario público" para exigir lo indebido, con la distinción que inicialmente los germanos calificaban bajo el título de la concusión a todo hurto violento por parte de los funcionarios públicos.[126]

En la actualidad, en el Derecho Penal Alemán la figura de la concusión no reviste grandes diferencias de la Escuela Italiana ya que en algunas leyes y para diversos autores en el Derecho Comparado, la concusión o exacción ilegal, cuenta con el elemento sine qua non del provecho personal del exactor o concusionario o en su caso, de un tercero.

Así, la figura en estudio está contemplada [127]en los artículos 352 y 353 del Código Penal Alemán, [128] cuya redacción original y sus traducciones a los idiomas inglés y español, son las siguientes:

"§ 352 Gebührenüberhebung"

"(1) Ein Amtsträger, Anwalt oder sonstiger Rechtsbeistand, welcher Gebühren oder andere Vergütungen für amtliche Verrichtungen zu seinem Vorteil zu erheben hat, wird, wenn er Gebühren oder Vergütungen erhebt, von denen er weiß, daß der Zahlende sie überhaupt nicht oder nur in geringerem Betrag schuldet, mit Freiheitsstrafe bis zu einem Jahr oder mit Geldstrafe bestraft."
"(2) Der Versuch ist strafbar."

"Section 352 Demanding excessive fees"

"(1) If a public official, attorney or other person rendering legal assistance who charges fees or other compensation for the discharge of official functions, charges fees or compensation which he knows are not due to him at all or only to a lesser amount shall be liable to imprisonment not exceeding one year or a fine."

"(2) The attempt shall be punishable."

---

[126] CARRARA, F. "Programma". No. 2568. SAVAZZI, P. 32. LEVI. P. 240, 244 y 255. MANZINI, T. V. P. 103. MAURACH. P. 636. "Schonke-Schoder", los alemanes llaman a la forma leve *Ubermassiges Sportulieren*.

[127] Versión vigente al 2011 del Código Penal Alemán en su idioma original, visible en la página web del Prof. Dr. Michael Bohlander en el link: www.gesetze-im-internet.de/stgb

[128] Versión vigente del Código Penal Alemán al 19 de marzo del 2019 visible en la siguiente página web: www.wipolex.wipo.int
Código Penal Alemán traducido al idioma Español por la profesora Claudia López Díaz, Universidad Externado de Colombia, publicada bajo el título *Strafgesetzbuch*, 32ª. Edición, *Deutscher Taschenbuch Verlag*, C. H. Beck, Munich, 1998. Código Penal del 15 de mayo de 1871 (RGBl. S. 127), en la versión del 13 de noviembre de 1998 (BGBl. I. 3322) modificada últimamente, 34ª. Ley modificatoria del derecho penal: Art. 129 StGB (34. StAndG) vom. 22 August 2002 (BGBl. I. 3390). Visible en idiomas Español y Alemán, en la página web de la Universidad de Fribourg, Suiza, en: www.unifr.ch/derechopenal/obras/stgb.pdf

"§ 352. Cobro excesivo de remuneración"

"(1) Un titular de cargo, abogado u de otra manera asistente jurídico que deba cobrar derechos u otras remuneraciones para diligencias oficiales a su favor, cuando él cobre derechos o remuneraciones, de las cuales él sepa que el que paga no debe nada o solo debe una pequeña cantidad, será castigado con pena privativa de la libertad hasta un año o con multa."
"(2) La tentativa es punible."

"§ 353 Abgabenüberhebung, Leistungskürzung"

"(1) Ein Amtsträger, der Steuern, Gebühren oder andere Abgaben für eine öffentliche Kasse zu erheben hat, wird, wenn er Abgaben, von denen er weiß, daß der Zahlende sie überhaupt nicht oder nur in geringerem Betrag schuldet, erhebt und das rechtswidrig Erhobene ganz oder zum Teil nicht zur Kasse bringt, mit Freiheitsstrafe von drei Monaten bis zu fünf Jahren bestraft."
"(2) Ebenso wird bestraft, wer als Amtsträger bei amtlichen Ausgaben an Geld oder Naturalien dem Empfänger rechtswidrig Abzüge macht und die Ausgaben als vollständig geleistet in Rechnung stellt."

"Section 353 levying excessive taxes; granting reduced benefits"

"(1) If a public official charged with collecting taxes, fees or other fiscal charges for a public treasury collects fiscal charges which he knows are not due at all or only to a lesser amount and in whole or in part does not deposit the unlawfully collected amount in the treasury shall be liable to imprisonment from three months to five years."

"(2) Whosoever as a public official in the course of official disbursements of money or in kind unlawfully withholds amounts from the recipient and charges the account as if the disbursements had been paid in full, shall incur the same penalty." [129]

"§ 352. Cobro excesivo de contribuciones: reducción de aportes".

(1) "Un titular de cargo, que deba cobrar impuestos, derechos u otras contribuciones para el erario público, de las cuales él sepa que el que paga no debe nada en absoluto o sólo debe una pequeña cantidad, cuando él las cobre y no lo entregue al erario totalmente o una parte de lo que ha recaudado, será castigado con pena privativa de la libertad de tres meses hasta cinco años".

(2) "De la misma manera, será castigado quien como titular de cargo en gastos oficiales en dinero o en especie, le haga al destinatario descuentos ilegales o cargue en las cuentas los pagos como efectuados en su totalidad".

En algunas legislaciones como la Española o la Francesa, cuando la percepción de lo exigido es destinada al erario público o en provecho del propio particular configura el delito de la concusión,

---

[129] Versión actualizada del Código Penal Alemán, traducida al idioma Inglés por el Prof. Dr. Michael Bohlander, visible al 29 de diciembre de 2011 en el link: www.gesetze-im-internet.de/englisch_stgb/index.html

no así en la Italiana, en donde la percepción de lo exigido, bajo el supuesto señalado con anterioridad, no reviste los elementos de la exacción ilegal sino del "abuso de autoridad." [130]

Sobre el particular, FRANK [131] sostuvo que: "... cuando el concusionario convierte o dispone para provecho particular de lo exigido, sería necesario que la víctima hubiere en todo caso pagado algo que suponía destinado al Estado y que no mediando ese error, no se podría hablar de concusión."

Sin embargo, debe destacarse que en las legislaciones europeas cuando se induce en error al contribuyente de manera que este crea falsamente pagar al erario lo que en realidad entrega al funcionario, trae como consecuencia que se configure el instituto de "la estafa" [132] con lo que tal circunstancia daría lugar a todas luces a una clara atipicidad sobre la concusión en el Derecho Penal Mexicano.

En el Derecho Alemán, la concusión constituye el hecho especial de los que obtienen lucro de otros, por medio del metu publicae potestatis (por miedo al poder público). Si para obtener el lucro indebido se amenaza solamente con el uso de la fuerza privada, ya no hay delito contra la justicia pública, sino que se originan los títulos de extorsión o de hurto violento.

Así, la única característica que distingue el tratamiento que adopta el Derecho Penal Germano de la Escuela Italiana, es que aquellos le dan el nombre de "concusión pública" a la que los italianos califican como "propia" y el de "concusión privada" a la que los mismos califican como "impropia."

5.4. España.

El delito de la concusión o exacción ilegal como se le conoce en el Derecho Penal Español está contemplado en el artículo 437 de su código penal, en el que se establece que:

> "La autoridad o funcionario público que exigiere, directa o indirectamente, derechos, tarifas por aranceles o minutas que no sean debidos o en cuantía mayor a la legalmente señalada, será castigado, sin perjuicio de los reintegros a que viniere obligado, con las penas de multa de seis a veinticuatro meses y de suspensión de empleo o cargo público por tiempo de seis meses a cuatro años". [133]

En España redactaron de una manera más sencilla al tipo penal en estudio ya que todo aquello que sea exigido en demasía por el funcionario público y que no esté previsto en ley, será sancionado pero sin contemplar pena privativa de libertad.

Existe una clara conciencia de la antijuricidad de la exacción ilegal por parte del funcionario público, al exigir una cantidad que se sabe excesiva, pero también permiten que éste, creyendo de buena fe bajo un "error de prohibición", exija las cantidades como legítimas [134] sin que sea considerada tal conducta como dolosa.

---

[130] Idem.
[131] FRANK. Citado por Carrara en Programma. No. 353.
[132] Idem. CARZOVIO. Praxis Criminalis. Parte Segunda. Quaestio. No. 66 MULLER, Promptucrion voz concussio Elementa juris criminalis. 194.
[133] Visible al 19 de marzo de 2019 en la página web: www.boe.es
[134] CUELLO, Calón, Eugenio. "Derecho Penal". Bosch Casa Editorial, Barcelona, España. 1972. P. 461. Ej. El párroco que cobra derechos superiores a los debidos por desconocer que habían sido reducidos, 9 junio 1886, ni el alcalde y

5.5. Francia.

En Francia la concusión (le délit de concussion) está descrita y sancionada en el artículo 432-10 de su código penal, en el que en su redacción original y su traducción al idioma español, se establece lo siguiente:

"Paragraphe 1 : De la concussion." [135]

"Article 432-10"

"Modifié par Ordonnance n°2000-916 du 19 septembre 2000 - art. 3 (V) JORF 22 septembre 2000 en vigueur le 1er janvier 2002."

"Le fait, par une personne dépositaire de l'autorité publique ou chargée d'une mission de service public, de recevoir, exiger ou ordonner de percevoir à titre de droits ou contributions, impôts ou taxes publics, une somme qu'elle sait ne pas être due, ou excéder ce qui est dû, est puni de cinq ans d'emprisonnement et de 75000 euros d'amende.»

«Est puni des mêmes peines le fait, par les mêmes personnes, d'accorder sous une forme quelconque et pour quelque motif que ce soit une exonération ou franchise des droits, contributions, impôts ou taxes publics en violation des textes légaux ou réglementaires.

La tentative des délits prévus au présent article est punie des mêmes peines.»

«Párrafo 1: De la concusión.»

«Artículo 432-10»

«Modificado por el Decreto N 2000-916 de 19 de septiembre de 2000 – art. 3 (V) Diario Oficial de 22 de septiembre de 2000 en vigor el 1 de enero 2002.»

«El hecho, por una persona depositaria de la autoridad pública o encargada de un servicio público, para recibir, exigir u ordenar para recibir a título de derechos o contribuciones, impuestos o gastos públicos, una suma que el mismo sepa que sea indebida o exceda aquello que se debe, se castiga con cinco años de prisión y una multa de 75.000 euros.»

«Se castigan con las mismas penas lo hecho por las mismas personas, por acordar de cualquier forma o por cualquier motivo una exención de los derechos, contribuciones, impuestos o tasas públicos que violen los textos legales o reglamentos.»

«La tentativa de estos delitos previstos en el presente artículo se castiga con las mismas penas.»

Es evidente que para los franceses la concusión está dirigida para sancionar el cobro ilegal de impuestos, entendidos estos en su acepción más general, con la aplicación de pena privativa de libertad y multa económica determinadas.

---

concejales sin título académico ni profesión al que no son advertidos por el secretario de las infracciones en que podrán incurrir, 4 enero 1951; ni por falta de dolo, el alcalde que por el solo deseo de resolver urgentes problemas del Municipio que, sin beneficio para sí ni para tercero, cometió exacciones ilegales, 29 octubre 1955.
[135] Fuente visible al 19 de marzo de 2019 en la página web: www.legisfrance.gouv.fr

5.6. Colombia.

En Colombia el delito de la concusión está descrito en el artículo 404 de su código penal vigente, bajo la siguiente redacción:

> "Artículo 404. Concusión. [Penas aumentadas por el artículo 14 de la ley 890 de 2004] El servidor público que abusando de su cargo o de sus funciones constriña o induzca a alguien a dar o prometer al mismo servidor o a un tercero, dinero o cualquier otra utilidad indebidos, o los solicite, incurrirá en prisión de noventa y seis (96) a ciento ochenta (180) meses, multa de sesenta y seis punto sesenta y seis (66.66) a ciento cincuenta (150) salarios mínimos legales mensuales vigentes, e inhabilitación para el ejercicio de derechos y funciones públicas de ochenta (80) a ciento cuarenta y cuatro (144) meses."

> "LEY 1474 DE 2012 Artículo 33. Circunstancias de agravación punitiva. [Texto este traído por la ley 1474 de 2011] Los tipos penales de que tratan los artículos: 246, 250 numeral 3, 323, 397, 404, 405, 406, 408, 409, 410, 411, 412, 413, 414 Y 433 de la lay 599 de 2000 les será aumentada la pena de una sexta parte a la mitad cuando la conducta sea cometida por servidor público que ejerza como funcionario de alguno de los organismos de control del Estado." [136]

Aquí tenemos que la concusión sanciona el "constreñir" o "inducir" a alguien a dar o prometer...o "solicitar" dinero o cualquier otra utilidad indebidos.

Al respecto, la Corte Suprema de Justicia de la República de Colombia, sostuvo por mayoría en la sentencia 18056 del 10 de septiembre de 2003, el siguiente criterio:

> "Dicha solicitud debe ser inequívoca pues no toda expresión o comportamiento del funcionario pueden ser tomados como delictuosos. No debe quedar duda, por decirlo de otra forma, acerca de la pretensión del funcionario de poner en venta su propia función o cargo mediante el ofrecimiento directo, y sin necesidad de acudir al ardid o amenazas".

> "Es importante señalar finalmente que, en tratándose de una de cualquiera de dichas formas de exteriorizar la exigencia, debe permanecer subyacente el denominado metus publicae potestatis como elemento subjetivo predicable de la víctima. De modo que, si la investidura carece de la capacidad de persuadirla, en el sentido de no llegar a comprender fácilmente que no tiene otra alternativa que ceder a la ilegal exacción o asumir los perjuicios derivados de su negativa, la conducta no alcanza configuración".

De igual manera, su máximo Tribunal de Justicia en el proceso No. 23732 sostuvo por mayoría al dictar sentencia el 7 de marzo de 2007, el siguiente argumento:

> "Por consiguiente, la solicitud indebida realizada con abuso del cargo o de la función, entraña un acto arbitrario, que inculca en el destinatario de la exigencia, la obligación de dar o prometer dinero u otra prestación que legalmente ni debe, ni tiene por qué prestar.

---

[136] Fuente visible al 19 de marzo de 2019 en la página web del Senado de la República de Colombia, Secretaría de Senado, en el link: www.secretariasenado.gov.co

No se requiere, es cierto, que la persona que recibe la insólita solicitud (que no necesariamente es la víctima de la exacción, como ocurre cuando el servidor público se vale de un intermediario o tercero para trasmitir la petición ilícita) se someta finalmente a la voluntad del amedrentador, pues para la consumación de esta modalidad delictual basta con el impacto capaz e idóneo para viciar o alterar su voluntad por el desconcierto, la confusión, molestia o repudio dada la desventaja en que resulta colocada la persona que desea acceder a la justicia en condiciones de equidad…"

5.7. Brasil.

En Brasil el delito de la concusión (Concussão) está tipificado en el artículo 316 del código penal vigente y si contempla a la letra el cobro ilegal de impuestos, de conformidad con la siguiente redacción en portugués y su traducción al idioma inglés:

"Concussão"

"Art. 316 - Exigir, para si ou para outrem, direta ou indiretamente, ainda que fora da função ou antes de assumi-la, mas em razão dela, vantagem indevida:"

"Pena - reclusão, de dois a oito anos, e multa."

"Excesso de exação"

"§ 1º - Se o funcionário exige tributo ou contribuição social que sabe ou deveria saber indevido, ou, quando devido, emprega na cobrança meio vexatório ou gravoso, que a lei não autoriza: (Redação dada pela Lei nº 8.137, de 27.12.190)."

"Pena - reclusão, de três a oito anos, e multa. (Redação dada pela Lei nº 8.137, de 27.12.1990)."

"§ 2º - Se o funcionário desvia, em proveito próprio ou de outrem, o que recebeu indevidamente para recolher aos cofres públicos:"

"Pena - reclusão, de dois a doze anos, e multa." [137]

"Concussão"

"Art. 316 - Require, for itself or for someone else, straight or indirectly, even if outside of the function or before of assumed her, but on account of her, inappropriate advantage:"

"Penalty - reclusion, of two to eight years, and fine."

"Excesso de exação"

---

[137] Fuente visible al 19 de marzo de 2019 en la página web: www.planalto.gov.br

"If the member of staff requires tribute or social contribution that knows or would must to know inappropriate, or, when must, employs in the half vexing or vexatious collection, that the law does not authorize: (Given editing by the Law nº 8,137, of 27.12.1 90)."

"Penalty - reclusion, of three to eight years, and fine. (Given editing by the Law nº 8,137, of 27.12.1990)."

"§ 2º - If the member of staff deviates, in own profit or of someone else, what received inappropriately for collect to the public funds:"

"Penalty - reclusion, of two to twelve years, and fine."

5.8. Estados Unidos de América y Reino Unido.

En los Estados Unidos de América cuyo sistema legal proviene del "Common Law" aportado por los Británicos, con fundamento en el precedente y teoría legada por la figura del "Hobbs Act-Under Color of Official Right" [138] se sanciona a los servidores públicos que –en lo general- mediante extorsión, usan o aprovechan directa o indirectamente la investidura que les es conferida, para la solicitud, exigencia u obtención de dinero, conceptos no adeudados o ventajas indebidas.

Así, resulta que conforme al "Hobbs Act (18 U.S.C. § 1951)" definen como punible la extorsión cuando es utilizada bajo la apariencia del cargo público [139], disposición que después fue abordada e interpretada por la Suprema Corte de Justicia de los Estados Unidos de América bajo el conocido caso de Evans v. United States, 504 U.S. 255 (1992) que en su parte relativa se transcribe a continuación:

"[at common law, extortion was an offense committed by a public official who took 'by color of his office money that was not due to him for the performance of his official duties..."
"Extortion by the public official was the rough equivalent of what we would now describe as 'taking a bribe." Evans v. United States, 504 U.S. 255 (1992)."

"In order to show a violation of the Hobbs Act under this provision, The Supreme Court recently held that "the Government need only show that a public official has obtained a payment to which he was not entitled, knowing that the payment was made in return for official acts." While the definition of extortion under the Hobbs Act with regard to force, violence or fear requires the obtaining of property from another with his consent induced by these means, the under color of official right provision does not require that the public official take steps to induce the extortionate payment: It can be said that "the coercive element is provided by the public office itself." Evans v. United States, 504 U.S. 255 (1992); see United States v. Margiotta, 688 F.2d. 108, 130 (2d Cir. 1982), cert. denied, 461 U.S. 913

---

[138] Precedente nombrado en honor al Congresista Sam Hobbs y promulgada como ley federal en 1946, que desde entonces ha sido interpretado y ampliado con base en las sentencias o precedentes que han pronunciado los tribunales competentes -a nivel estatal o federal- en los Estados Unidos de América. Fuente visible al 19 de marzo de 2019 en la página web de The United States Department of Justice, Criminal Resources Manual "2404 Hobbs Act-Under Color of Official Right", en el link: www.justice.gov

[139] Traducción libre del idioma inglés, equivalente a los términos legales aplicables en México para su mejor entendimiento.

(1983) ("[the public officer's misuse of his office supplies the necessary element of coercion....")."

En lo particular y a la luz de expedientes concretos, diversos tribunales a nivel federal o estatal han ampliado el espectro de aplicación del "Hobbs Act" y han sostenido que para que un hecho sea sancionado bajo esta figura legal:

- No es necesario que se acredite objetivamente que el servidor público efectuó actos para inducir el pago mediante extorsión, ya que basta el propio elemento coercitivo que conlleva el poder público [140] y la conducta ilegal que se sanciona;
- No es necesario que el servidor público esté facultado formalmente para intervenir en gestiones de cobro-pagos; puede ser sancionado aún cuando intervenga de facto en tales actividades;
- No es necesario que el servidor público obtenga directamente lo exigido ilegalmente es decir, cuando el producto de la exigencia es recibido por un tercero. Algunos tribunales requieren prueba del ilegal acuerdo entre el servidor público y el tercero mencionado;
- El "Hobbs Act" también puede ser aplicado a quienes tuvieron en el pasado la calidad de servidores públicos y a quienes les será conferido dicho carácter;
- También pueden ser objeto de sanción, los particulares que coadyuven al servidor público;
- No existe privilegio de secrecía sobre información documentada e inherente a las actividades de legisladores involucrados en hechos objeto de investigación bajo el "Hobbs Act"; y
- Aún cuando resulte ilegal el origen de lo obtenido (ingresos económicos) por el servidor público, este puede ser procesado penalmente por delitos fiscales en perjuicio del Gobierno Federal y del "Internal Revenue Service ("I.R.S.")" al impedir, obstaculizar y desafiar las funciones gubernamentales del I.R.S., para la investigación, comprobación y el cobro de impuestos. [141]

Reino Unido (UK por siglas en inglés).

A diferencia de la doctrina de "Extortion Under Color of Official Right" existente en los Estados Unidos de América, en el Reino Unido existen 3 cuerpos normativos con los que describen y sancionan de manera conjunta [142] el "soborno" y las "recompensas indebidas" como actos de corrupción en que incurren sus servidores públicos.

Dichas fuentes son las siguientes: I) "The 1889 Public Bodies Corrupt Practices Act"; II) "The Prevention of Corruption Act 1906"; y III) "The 1916 Act's presumption or The prevention of Corruption Act."

"The 1889 Public Bodies Corrupt Practices Act."

Conforme a esta primera fuente legislativa el soborno en general atribuible a un servidor público, consiste en la recepción u ofrecimiento de cualquier gratificación o recompensa indebida con el

---

[140] El equivalente al ya abordado *metus publicae potestatis* proveniente del Derecho Romano.
[141] Ver sentencia sobre apelación en expediente de U.S. Vs. Munchak-Cordaro, caso No. 12-1439, Págs. 11-13; y sentencia de apelaciones acumuladas en expedientes de U.S. Vs. Nathaniel Gray, y U.S. Vs. Gilbert Jackson, casos números 05- 4482 y 06-3209 ; así como No. 06-3086, Pág.3 ; última consulta al 12 de Junio del 2013 visibles en www.ca6.uscourts.gov
[142] Distinto de las Fuentes normativas en los Estados Unidos de América (U.S.A.) en las que individualizan los delitos y sus penalidades (18 U.S. C. § 201).

propósito de influenciar su deber como servidor público, para que actúe contrario a las reglas conocidas de honestidad e integridad. En ese tenor también es punible la tentativa.

> "Every person who shall...corruptly solicit or receive, or agree to receive...any gift, loan, fee, reward, or advantage whatever as an inducement to, or reward for...doing or forbearing to do anything...in which [a] ...public body is concerned shall be guilty of an offense".[143]

"The Prevention of Corruption Act 1906."

En esta segunda fuente normativa incluyen en el antecedente, el vocablo "corruptamente" para acentuar la ilegalidad de la conducta objeto de sanción, estableciendo al efecto la siguiente redacción:

> "If any agent corruptly accepts or obtains, or agrees to accept...any gift or consideration as an inducement or reward for doing or forbearing to do...any act in relation to his principal's affairs or business...he shall be guilty (of an offense).[144]

En el sistema Británico el elemento de "...as an inducement..." permite distinguir la ilegalidad de una recompensa inducida al servidor público, para hacer o dejar de hacer en relación al cargo público que desempeña.

"The 1916 Act's Presumption."

Con esta tercera fuente normativa, en el año de 1916 incluyen en los 2 antecedentes indicados, la presunción de corrupción[145] para distinguir la legalidad o ilegalidad de una conducta, bajo la siguiente redacción:

> "Where in any proceedings against a person for an offense under the [1906 Act] or the [1889 Act], it is proved that any money, gift or other consideration has been paid or given to or received by a person [employed by a public body]...from a person...holding or seeking to obtain a contract from [the public body]...the money, gift, or consideration shall be deemed to have been paid or given or received corruptly as such inducement or reward as in mentioned in such Act unless the contrary is proved".[146]

Como punto de análisis tenemos que conforme a esta disposición legal el acusado tiene la carga de la prueba para desvirtuar la presunción de corrupción que opera en su perjuicio desde el momento en que es involucrado formalmente en un expediente concreto.[147]

---

[143] "Public Bodies Corrupt Practices Act 1889", 52 y 53 Vict. C. 69, Agosto 30, 1889, citado por Sweet and Maxwell, citado por Scally Greg en *Defining Corruption: A Comparison of the Substantive Criminal Law of Public Corruption in the United States and the United Kingdom.* 2009. Pág. 33.
[144] "Prevention of Corruption Act 1906", 6 Edw. 7 C. 34 Agosto 4 1906, Sweet and Maxwell, citado por Scally Greg, obra citada, Pág. 34.
[145] Posteriormente contraria al contenido garantista de la "Convención Europea para la Protección de Derechos Humanos y Libertades Fundamentales -*European Convention for the Protection of Human Rights and Fundamental Freedoms*, firmada por el Reino Unido el 4 de Noviembre de 1950 y ratificada por el Parlamento Británico en 1951.
[146] Scally Greg. Op cit. Pág. 36.
[147] Muy parecido al sistema existente en México con la celebración de tratados internacionales, motivo por el que la "presunción de inocencia" fue objeto de interpretación y pronunciamiento por la H. Suprema Corte de Justicia de la Nación y posteriormente incorporada a la letra, en la Constitución Política de los Estados Unidos Mexicanos.

Hasta este punto se abarcaron los aspectos más importantes que revisten al instituto de la concusión en algunas de las legislaciones extranjeras que considero como las más avanzadas o influyentes en materia de Derecho Penal.

5.9. Referencias forenses de la concusión en el Derecho Penal Mexicano.

A continuación doy a conocer un aspecto que de manera intencional pospuse para este apartado y es el referente a los contados casos prácticos de los que se tiene registro o noticia sobre la concusión o exacción ilegal desde el año 1930 hasta el 31 de marzo del 2019, en los Tribunales en materia penal en toda la República Mexicana.

En páginas anteriores se mencionó que al entrar al estudio del instituto de la concusión, los casos prácticos que se han instrumentado en nuestro Derecho Penal Mexicano son escasos, toda vez que el legislador revistió con una particular redacción el tipo penal que la contiene y en consecuencia, que sólo existan 18 antecedentes prácticos documentados que además con fundamento en la ley mexicana no constituyen jurisprudencia en estricto sentido, pues solo abordan parcialmente el análisis de la concusión o la incluyen en listados con otros delitos objeto de dichas tesis.

Para ser concreto, en el periodo indicado no existe registro de una sola Jurisprudencia firme como fue señalado en páginas anteriores -por reiteración de criterios o por contradicción y substitución-, sobre la concusión de los que se tiene conocimiento en archivos documentales del Semanario Judicial de la Federación y publicaciones complementarias y de informática por la H. Suprema Corte de Justicia de la Nación, en todas sus versiones, con la especial característica de que no en todos los criterios invocados se llega a analizar al delito de la concusión por el cobro ilegal de impuestos, esto es, sólo se le llega a referir en comparación con otros delitos que son materia de esas tesis aisladas. Lo anterior puede ser corroborado por el lector en las fuentes citadas en este libro o en las disponibles por internet.

Con el fin de ilustrar la observación anterior sobre el tema objeto de análisis, a continuación se transcriben los únicos 2 antecedentes ya históricos pero ilustrativos, pronunciados en los años 1930 y 1962 por la entonces Primera Sala de la H. Suprema Corte de Justicia de la Nación, que en su momento abordaron el delito de la concusión por el cobro ilegal de impuestos de la siguiente manera:

> "Registro No. 314608"
> "Localización:"
> "Quinta Época"
> "Instancia: Primera Sala"
> "Fuente: Semanario Judicial de la Federación"
> "XXIX"
> "Página: 761"
> "Tesis Aislada"
> "Materia(s): Penal"
>
> "CONCUSIÓN.- El delito de concusión que define el artículo 1032 del Código Penal del Distrito, está constituido por el cobro que se haga de impuestos indebidos,

independientemente del objeto al cual se destinen los fondos recaudados, porque no es la inversión de esos mismos fondos la que constituye el delito, sino el hecho del cobro ilegal."

"Amparo penal directo 2266/28. Flores Francisco R. 11 de junio de 1930. Unanimidad de cinco votos. La publicación no menciona el nombre del ponente."

"Registro No. 812754"
"Localización:"
"Sexta Época"
"Instancia: Primera Sala"
"Fuente: Informes"
"Informe 1962"
"Página: 34"
"Tesis Aislada"
"Materia(s): Penal"

"CONCUSIÓN.- Realiza este delito el encargado de un servicio público que, al exigir el pago del impuesto a los causantes, recibe mayor cantidad que la debida."

"Amparo directo 6824/61. Enrique Rosales Trujillo. 8 de febrero de 1962. Unanimidad de cinco votos. Ponente: Agustín Mercado Alarcón. Secretario: Rubén Montes de Oca."

Ahora bien, en cuanto a expedientes concretos de los que estoy informado hasta el 31 de marzo del 2019 y que no prosperaron ante Tribunales Penales, con el dictado de sentencia definitiva condenatoria y posterior pronunciamiento de Tesis aislada o Jurisprudencia firme y que por ello, no obran en archivos documentales complementarios y de cómputo o informática del Poder Judicial Federal; hasta el día de hoy han trascendido tenemos los siguientes.

El primero de ellos, fue instaurado en 1989 en Torreón, Coahuila, con implicaciones de competencia al Primer Distrito Judicial del Poder Judicial Federal, en el que inicialmente se atribuyó responsabilidad penal a un servidor público de una institución crediticia con participación estatal, en el que finalmente fue resuelta la atipicidad de los hechos imputados.[148]

De este asunto tuve conocimiento directo por haber trabajado en aquellos años como Pasante en un despacho de abogados postulantes de la Ciudad de México, Distrito Federal, que atendieron en Torreón, Coahuila, en el Distrito Federal y en el Estado de México, el proceso penal y los amparos interpuestos al respecto. Para desventura del estudioso en esta materia, las causas penales no llegaron a constituir tema de Tesis, Ejecutoria o Jurisprudencia.

El segundo de ellos, fue en el año de 1996 en Ciudad Juárez, Chihuahua, en el que se pretendió iniciar proceso penal en contra de un servidor público fronterizo a quien se le imputó inicialmente el exigir partidas de dinero a los usuarios de uno de los puentes de acceso a El Paso, Texas, Estados Unidos de América, mediante la supuesta instalación de un módulo no oficial ubicado antes de una

---

[148] Se omiten la razón social y el nombre tanto de la institución bancaria como del procesado, dado el secreto profesional entre abogado-cliente.

garita oficial federal. Al igual que el asunto anterior, no prosperó penalmente y el servidor público implicado fue exonerado rápidamente, con auto de libertad por falta de elementos para procesar.

Este asunto fue en su momento hecho del conocimiento público mediante Diarios o periódicos de mayor circulación y medios de televisión mexicanos.[149]

El caso concreto más reciente fue informado en la Ciudad de México por el propio Sistema de Administración Tributaria (SAT) de la Secretaría de Hacienda y Crédito Público, el 05 de marzo de 2008 mediante comunicado de prensa número 11/2008 en el que informa al público en general que se procedió penalmente en contra de una servidora pública que con tal carácter efectuaba irregularmente una interventoría en la que exigió ilegalmente el pago de una cantidad de $40,000.00 (Cuarenta mil pesos con cero centavos 00/100 M.N.) por concepto de "honorarios" a un contribuyente, que denunció los hechos. Dicha servidora pública fue aprendida en flagrancia esto es, en el momento que exigía la cantidad referida y puesta a disposición de la autoridad competente, como consecuencia, un Juzgado de Distrito en Materia de Procesos Penales le dictó el entonces auto de formal prisión como probable responsable del delito de concusión.

Fuera de estas causas penales, salvo omisión o error de investigación de mi parte, desde 1930 al 31 de marzo del 2019 en nuestro país no existen diversos casos documentados sobre el delito de la concusión, lo que refleja la particular redacción que reviste el tipo legal que la contiene en el artículo 218 del Código Penal de la Federación, de la correlativa en el Distrito Federal hoy Ciudad de México e incluso, las correspondientes en los códigos penales estatales.

En México se podría asumir que -incluso en el gremio de los abogados- se tiene un conocimiento general sobre este delito así como de la penalidad aplicable, lo cual está alejado de la realidad. Por el contrario, en mi opinión, la causa se debe en primer lugar, precisamente a la inopia sobre los orígenes histórico-etimológicos existentes en el Derecho Romano, en nuestra propia legislación penal así como en tesis aisladas o en el Derecho Comparado Interestatal e Internacional. En segundo lugar, por cuestiones de facto, a que no obstante que en nuestro país se da cotidianamente este delito, el particular o gobernado no lo denuncia ante las autoridades competentes por ese mismo desconocimiento.

En vía de ejemplo, no debe pasarse por alto que la estructura bajo la cual está redactado el tipo penal de la concusión contiene algunos títulos bajo los cuales debe el servidor público formular la exigencia ilegal que son de naturaleza u origen fiscal (impuesto o contribución, recargo, renta o rédito) para obtener "dinero, valores, servicios o cualquier otra cosa". [150]

También no hay que perder de vista que en nuestro país, la concusión tiene antecedentes legales y de tesis aisladas por el cobro ilegal de impuestos (estas últimas ya de carácter histórico pero ilustrativas, pronunciadas por la H. Suprema Corte de Justicia de la Nación), entendidos estos en su

---

[149] Se omite el nombre del funcionario implicado y su filiación partidista en la localidad.
[150] Por su propia naturaleza, medios de prueba, origen y fin, no considero como caso de praxis en el tipo penal de concusión, cuando en un expediente un juez de lo civil (servidor público) resuelve la acción pro forma u otorgamiento forzoso de escritura pública por la compraventa de inmueble, ordena y firma la escritura de propiedad autorizada en el expediente en rebeldía de la parte demandada, previa sentencia condenatoria ejecutoriada en la que se incluye entre otros rubros, el pago (cobro en ejecución de sentencia) de los impuestos aplicables -a cargo de la parte perdedora- y con motivo del otorgamiento de dicho instrumento público.

acepción más general y que este hecho, encuentra sustento histórico con el aporte doctrinal aportado desde 1899 por THEODOR MOMMSEN en su obra titulada Rómisches Strafrech.

Tal es el caso de los entonces artículos 416 y 424 del Código Penal para el Estado de Veracruz de 1835, en los que se establecía quienes eran considerados como responsables en la comisión de este delito, que a continuación se transcribe respetando la sintaxis y ortografía vigentes en ese año:

> "Artículo 416. Cualquier funcionario público o agente del Gobierno encargado como tal de cualquier modo de la recaudación, administración, depósito, intervención o distribución del algún impuesto, contribución, derecho o renta pública o municipal, que por esta razón ecsija o haga ecsijir de los contribuyentes y los haga pagar lo que sepa no deben satisfacer o más de lo que deban legítimamente, perderá su empleo y resarcirá lo indebidamente pagado…"

> "Artículo 424. El funcionario público que en cualquiera de los casos que quedan expresados en esta sección, ecsija o haga ecsijir lo que sepa que no se deba pagar, o que es más de lo que se debe, sufrirá por este solo hecho, aunque no se llegue a satisfacer lo injustamente ecsigido, la suspensión de su empleo o cargo y sueldo por dos meses a cuatro años y una multa de la cuarta parte de la mitad del importe de lo que indebidamente ecsija o haga ecsijir."

Hasta este punto destaqué los temas de fondo y forma más interesantes sobre el delito de la concusión o exacción ilegal, en los que utilicé un método integral de doctrina y praxis para exponer sus antecedentes históricos en México y en el extranjero, para analizar el tipo penal a nivel federal, por Estados de la República Mexicana y con base en el Derecho Comparado Interestatal e Internacional, así como para dar a conocer los esporádicos casos prácticos de los que se tiene registro o noticia en México desde 1930 hasta el 31 de marzo del 2019.

Espero que al paso de los años este libro y su actualización resulten de utilidad como materiales de consulta a las Universidades, Facultades de Derecho, Instituciones Técnicas de Educación Superior y Escuelas en las que se imparte la licenciatura o carrera de Derecho, Asociaciones, Barras y Colegios de Abogados, Abogados Postulantes o de Empresa, Profesores de Derecho, Pasantes y Estudiantes de la licenciatura, a los Servidores Públicos que por razón de su cargo tienen la delicada e importante función de redactar, interpretar y aplicar la ley, así como a los lectores interesados en el tema.

A todos ustedes gracias, por permitir que las horas de reflexión y la tinta vertida para trazar estas páginas ocupen un lugar en sus bibliotecas convencionales o digitales.

El Autor.

BIBLIOGRAFÍA.

ACERO, Julio. "Procedimiento Penal." Editorial José María Cajica. 1968.
AGOSTA, Romero. "Teoría General del Derecho Administrativo. Editorial Porrúa. México, D.F. 1990.
ANTOLISEL "Manual de Derecho Penal." Editorial UTEHA Buenos Aires, Argentina. 1960.

ARILLA, Bas. "El procedimiento".Editorial Jurídica. México, D.F. 1970.
BERMUDEZ F., Renato de J. "Compendio de Derecho Militar Mexicano" Editorial Porrúa, S.A. C.V. 1996. México, D.F.
BERNALDO De Quirós. "Derecho Penal". Edit. J. Ma. Cajica Jr. Puebla, Puebla. México. 1957.
BIELSA, Rafael. "Compendio de Derecho Público." Editorial De Palma. Buenos Aires Argentina.
BORJA, Osorno. "Derecho Procesal Penal." Editorial José María Cajica. Puebla, Puebla. 1969.
BRISEÑO, Sierra. "El Enjuiciamiento Penal Mexicano". Edit. Trillas. México, D.F. 1976.
CANABELLAS, Guillermo. "Diccionario Enciclopédico de Derecho Usual." Tomo III. Editorial Heliástica. S.R.R., Buenos Aires, Argentina. 1979.
CÁRDENAS, F. Raúl. "Responsabilidad de los Funcionarios Públicos." Editorial Forrúa. México, D.F., 1982.
CARRANCA Y Trujillo y Carranca y Rivas. "Código Penal Anotado." Editorial Porrúa. México, D.F. 1985.
CARRARA, Francesco. "Programa de Derecho Criminal." Editorial Temis. Bogotá, Colombia. 1956.
CASTELLANOS Tena, Fernando. "Lineamientos Elementales de Derecho Penal." Editorial Porrúa. México, D.F. 1990.
CUELLO Calón, Eugenio. "Derecho Penal." Tomo I. BOSCH, Casa Editorial. Barcelona, 13a ed. España. 1972.
"Diccionario de la Lengua Española de la Real Academia Española." Editorial Espasa Calpe. 19 Edición. Madrid, España. 1970.
DUGUIT, León. "Les transformations du Droit Public." Libraire Armand Colín. París, Francia. 1921.
"Enciclopedia Jurídica Omeba." Editorial Bibliográfica, S.A. Buenos Aires, Argentina. 1979.
FLORIS. Margadant. "Derecho Romano." Editorial Esfinge, México, D.F. 1986.
FLORES, Zavala. "Elementos de Finanzas Públicas Mexicanas". Editorial Stylo. México, D.F. 1951.
GONZÁLEZ, Blanco. "El Procedimiento Penal Mexicano" Editorial Porrúa. México, D.F. 1975.
GONZÁLEZ Bustamante, Juan José. "Los delitos de los Altos Funcionarios y el Fuero Constitucional". Ediciones Botas, México D.F. 1946.
GONZÁLEZ Bustamante, Juan José. "Principios de Derecho Procesal Penal Mexicano." Editorial Porrúa. México, D.F. 1971.
GONZALEZ-SALAS Campos, Raúl. "La Teoría del bien jurídico en el Derecho Penal". Pérez-Nieto Editores, S.A. C.V. 1a ed. 1995. México, D.F.
"Historia del Derecho Romano." Edición Revista de Derecho Privado. Madrid, España. 1944.
JIMÉNEZ de Asúa, Luis. "La Ley y el Delito." Editorial Kermes, Buenos Aires, Argentina. 1959.
JIMÉNEZ de Asúa, L. "Tratado de Derecho Penal." Macagua Landa y Cía. Buenos Aires, Argentina. 1945.
JIMÉNEZ, Huerta M. "Derecho Penal Mexicano." Editorial Porrúa. México, D.F. 1985.
LINARES, Quintana S.V. Tratado de la Ciencia del Derecho Constitucional." Artes Gráficas, Bartolomé V. Chiestino, S. A. Buenos Aires, Argentina. 1962.
MAGGIORE, Giuseppe. "Derecho Penal" Editorial Themis. Bogotá, Colombia. 1954.
MANZINI, Vincenzo. "Tratado de Derecho Penal" Ediar, S.A. editores, Buenos Aires, Argentina. 1951.
MASSARI. "Il momento essecutivo del reato.", cit. En Steffano Riccio. Revista Jurídica Veracruzana. 1961.
MOMMSEN, Theodore. "Derecho Penal Romano" (Römisches Strafrecht de 1899). Editorial Temis, S.A. Segunda edición, reimpresión. Traducción al español por P. Dorado. Santa Fe de Bogotá, Colombia. 1999
OROZCO, Enríquez J. J. "Régimen Constitucional de Responsabilidades de los Servidores Públicos." UNAM-Manuel Porrúa. México, D.F. 1984.
PAVÓN, Vasconcelos Francisco. "Derecho Penal Mexicano". Editorial Porrúa, S.A. México, D.F. 1987.

PADELLETTI. "Storia del Diritto Romano." Editori Librai, Firenze, Italia. 1878.
PORTE, Petit C. "Apuntes de la Parte General del Derecho Penal." Editorial Trillas. México, D.F. 1990.
SOLER, Sebastián. "Derecho Penal Argentino." Tipográfica Editora Argentina. Buenos Aires, Argentina. 1973.
TENA, Ramírez F. "Derecho Constitucional Mexicano." Editorial Porrúa. México, D.F. 1954.
VELA, Treviño Sergio. "La Prescripción en Materia Penal." Editorial Trillas. México, D.F. 1985.
VELA, Treviño Sergio. "Antijuricidad y Justificación." Editorial Trillas. México, D.F. 1986.
VELA, Treviño Sergio. "Miscelánea Penal." Editorial Trillas. México, D.F. 1990.
VELA, Treviño Sergio. "Culpabilidad e inculpabilidad." Editorial Trillas. México, D.F. 1991.
WELZEL, Hans. "Derecho Penal Alemán". Editorial Jurídica de Chile. Santiago de Chile. 1997.

BIBLIOGRAFÍA WEB O CIBERGRAFÍA.

Código Penal para el Estado de Aguascalientes.
Disponible por internet en la página web del Congreso del Estado de Aguascalientes, en el link: www.congresoags.gob.mx y en la página web del Instituto de Investigaciones Jurídicas de la Universidad Nacional Autónoma de México en el link: www.juridicas.unam.mx

Código Penal para el Estado de Baja California.
Disponible por internet en la página web del Consejo de la Judicatura Federal del Poder Judicial de la Federación, en Congreso del Gobierno del Estado de Baja California, en el link: www.cjf.gob; y en la página web del Instituto de Investigaciones Jurídicas de la Universidad Nacional Autónoma de México, Legislación Estatal, en el link: www.juridicas.unam.mx

Código Penal para el Estado de Baja California Sur.
Disponible por internet en la página web del Consejo de la Judicatura Federal del Poder Judicial de la Federación, en Congreso del Gobierno del Estado de Baja California Sur, en el link: www.cjf.gob; y en La página web del Instituto de Investigaciones Jurídicas de la Universidad Nacional Autónoma de México, Legislación Estatal, en el link: www.juridicas.unam.mx

Código Penal para el Estado de Campeche.
Disponible por internet en la página web del Congreso de Campeche en el link: http://congresocam.gob.mx ; y en la página web del Instituto de Investigaciones Jurídicas de la Universidad Nacional Autónoma de México, Legislación Estatal, en el link: www.juridicas.unam.mx

Código Penal para el Estado de Chiapas.
Disponible por internet en la página web del Congreso del Estado del Estado de Chiapas, en el link: www.congresochiapas.gob.mx ; y en la página web del Instituto de Investigaciones Jurídicas de la Universidad Nacional Autónoma de México, Legislación Estatal, en el link: www.juridicas.unam.mx

Código Penal para el Estado de Chihuahua.
Disponible por internet en la página web del Congreso del Estado de Chihuahua en el link: www.congresochihuahua.gob.mx ; y en la página web del Instituto de Investigaciones Jurídicas de la Universidad Nacional Autónoma de México, Legislación Estatal, en el link: www.juridicas.unam.mx

Código Penal para el Estado de Coahuila.
Disponible por internet en la página web del Congreso del Estado de Coahuila de Zaragoza en el link: www.congresocoahuila.gob ; y en la página web del Instituto de Investigaciones Jurídicas de la Universidad Nacional Autónoma de México, Legislación Estatal, en el link: www.juridicas.unam.mx
Código Penal para el Estado de Colima.
Disponible por internet en la página web del Congreso del Estado de Colima en el link: www.congresocol.gob.mx

Código Penal para el Distrito Federal (hoy Ciudad de México).
Disponible por internet en la página web de la Asamblea Legislativa del Distrito Federal, en el link: www.aldf.gob.mx ; y en la página web del Instituto de Investigaciones Jurídicas de la Universidad Nacional Autónoma de México, Legislación Estatal, en el link: www.juridicas.unam.mx

Código Penal para el Estado de Durango.

Disponible por internet en la página web del Congreso del Estado de Durango en el link: www.congresodurango.gob.mx

Código Penal para el Estado de Guanajuato.
Disponible por internet en la página web del Congreso del Estado de Guanajuato, en el link: www.congresogto.gob.mx

Código Penal para el Estado de Guerrero.
Disponible por internet en la página web de la Dirección General para la Consulta del Orden Jurídico Nacional, de la Secretaría de Gobernación, en el link: www.ordenjuridico.gob.mx ; y en la página web del Instituto de Investigaciones Jurídicas de la Universidad Nacional Autónoma de México, Legislación Estatal, en el link: www.juridicas.unam.mx

Código Penal para el Estado de Hidalgo.
Disponible por internet en la página web de la Dirección General para la Consulta del Orden Jurídico Nacional, de la Secretaría de Gobernación, en el link: www.ordenjuridico.gob.mx ; y en la página web del Instituto de Investigaciones Jurídicas de la Universidad Nacional Autónoma de México, Legislación Estatal, en el link: www.juridicas.unam.mx

Código Penal para el Estado de Jalisco.
Disponible por internet en la página web de la Dirección General para la Consulta del Orden Jurídico Nacional, de la Secretaría de Gobernación, en el link: www.ordenjuridico.gob.mx ; y en la página web del Instituto de Investigaciones Jurídicas de la Universidad Nacional Autónoma de México, Legislación Estatal, en el link: www.juridicas.unam.mx

Código Penal para el Estado de México.
Disponible por internet en la página web de la Dirección General para la Consulta del Orden Jurídico Nacional, de la Secretaría de Gobernación, en el link: www.ordenjuridico.gob.mx ; y en la página web del Instituto de Investigaciones Jurídicas de la Universidad Nacional Autónoma de México, Legislación Estatal, en el link: www.juridicas.unam.mx

Código Penal para el Estado de Michoacán.
Disponible por internet en la página web de la Dirección General para la Consulta del Orden Jurídico Nacional, de la Secretaría de Gobernación, en el link: www.ordenjuridico.gob.mx ; y en la página web del Instituto de Investigaciones Jurídicas de la Universidad Nacional Autónoma de México, Legislación Estatal, en el link: www.juridicas.unam.mx

Código Penal para el Estado de Morelos.
Disponible por internet en la página web de la Dirección General para la Consulta del Orden Jurídico Nacional, de la Secretaría de Gobernación, en el link: www.ordenjuridico.gob.mx ; y en la página web del Instituto de Investigaciones Jurídicas de la Universidad Nacional Autónoma de México, Legislación Estatal, en el link: www.juridicas.unam.mx

Código Penal para el Estado de Nayarit.
Disponible por internet en la página web de la Dirección General para la Consulta del Orden Jurídico Nacional, de la Secretaría de Gobernación, en el link: www.ordenjuridico.gob.mx ; y en la página web del H. Congreso del Estado de Nayarit, Compilación Estatal de Leyes, en el link: www.congresonay.gob.mx

Código Penal para el Estado de Nuevo León.
Disponible por internet en la página web del Congreso del Estado de Nuevo León en el link: www.hcnl.gob.mx ; y en la página web de la l Dirección General para la Consulta del Orden Jurídico Nacional, de la Secretaría de Gobernación, en el link: www.ordenjuridico.gob.mx

Código Penal para el Estado de Oaxaca.
Disponible por internet en en la página web del Congreso del Estado de Oaxaca, en el link: www.congresooaxaca.gob.mx

Código de Defensa Social para el Estado de Puebla.
Disponible por internet en la página web del Congreso del Estado de Puebla, en el link: www.congresopuebla.gob.mx

Código Penal para el Estado de Querétaro.
Disponible por internet en la página web de la Legislatura del Estado de Querétaro en el link: www.legislaturaqro.gob.mx

Código Penal para el Estado de Quintana Roo.
Disponible por internet en la página web del Poder Legislativo de Estado de Quintana Roo en el link: www.congresoqroo.gob.mx

Código Penal para el Estado de San Luís Potosí.
Disponible por internet en la página web del Congreso del Estado de San Luis Potosí en el link: www.congresoslp.gob.mx

Código Penal para el Estado de Sinaloa.
Disponible por internet en la página web del Congreso del Estado de Sinaloa en el link: www.congresosinaloa.gob.mx

Código Penal para el Estado de Sonora.
Disponible por internet en la página web del Congreso del Estado de Sonora en el link: www.congresoson.gob.mx

Código Penal para el Estado de Tabasco.
Disponible por internet en la página web del Congreso del Estado de Tabasco en el link: www.congresotabasco.gob.mx

Código Penal para el Estado de Tamaulipas
Disponible por internet en la página web del Congreso de Tamaulipas en el link: www.congresotamaulipas.gob.mx

Código Penal para el Estado de Tlaxcala.
Disponible por internet en la página web del Congreso de Estado de Tlaxcala en el link: www.congresotlaxcala.gob.mx

Código Penal para el Estado de Veracruz.
Disponible por internet en la página web del Congreso del Estado de Veracruz en el link: www.legisver.gob.mx

Código Penal para el Estado de Yucatán.
Disponible por internet en la página web del Congreso del Estado de Yucatán en el link: www.congresoyucatan.gob.mx

Código Penal para el Estado de Zacatecas.
Disponible por internet en la página web del Congreso del Estado de Zacatecas en el link: www.congresozac.gob.mx

Código Penal Federal.
Disponible por internet en la página web del Consejo de la Judicatura Federal del Poder Judicial de la Federación, en el link: www.cjf.gob; y en la página web del Instituto de Investigaciones Jurídicas de la Universidad Nacional Autónoma de México, Legislación Estatal, en el link: www.juridicas.unam.mx

Constitución Política de los Estados Unidos Mexicanos.
Disponible por internet en la página web de la Dirección General para la Consulta del Orden Jurídico Nacional, de la Secretaría de Gobernación, en el link: www.ordenjuridico.gob.mx ; y en la página web del Instituto de Investigaciones Jurídicas de la Universidad Nacional Autónoma de México, Legislación Estatal, en el link: www.juridicas.unam.mx

Suprema Corte de Justicia de la Nación.
Para la consulta de tesis, ejecutorias o jurisprudencia sobre casos concretos, en el link: www.scjn.gob.mx

www.ingramcontent.com/pod-product-compliance
Lightning Source LLC
Chambersburg PA
CBHW021829170526
45157CB00007B/2730